信息化背景下
财务会计管理研究

温月梅　单学敏　著

延边大學出版社

图书在版编目（CIP）数据

信息化背景下财务会计管理研究 / 温月梅，单学敏
著. -- 延吉：延边大学出版社，2023.5
ISBN 978-7-230-04822-4

Ⅰ．①信… Ⅱ．①温… ②单… Ⅲ．①财务会计－会
计管理－研究 Ⅳ．①F234.4

中国国家版本馆 CIP 数据核字（2023）第 077964 号

信息化背景下财务会计管理研究

著　　者：温月梅　单学敏
责任编辑：刘晓敏
封面设计：文合文化
出版发行：延边大学出版社
社　　址：吉林省延吉市公园路 977 号　　　邮　编：133002
网　　址：http://www.ydcbs.com
E-mail：ydcbs@ydcbs.com
电　　话：0433-2732435　　　　　　传　真：0433-2732434
发行电话：0433-2733056
印　　刷：三河市嵩川印刷有限公司
开　　本：787 mm×1092 mm　1/16
印　　张：9　　　　　　　　　　　字　数：175 千字
版　　次：2023 年 5 月　第 1 版
印　　次：2023 年 5 月　第 1 次印刷
ISBN 978-7-230-04822-4

定　　价：68.00 元

前　　言

　　财务会计管理是企业管理的核心，而我国传统的企业财务会计管理已经远远不能适应经济全球化和世界经济一体化的要求，因此有必要对企业财务会计管理工作进行适时创新。在社会主义新时代的背景下，企业的财务会计管理需要改变以往的传统模式，开启全新的管理模式以适应时代发展要求。

　　传统的财务会计管理工作主要是通过财务会计报表上的数据进行综合性分析，根据这些数据来判断企业的盈亏，从而决定采取怎样的生产经营战略。而在全球经济一体化的今天，在信息化背景下，企业生存的内部环境和外部环境都发生了巨大的变化，企业在财务会计管理方面对数据采集、整理及分析的方法已经突破了人工分析的局限性，向着信息化的时代迈进。

　　本书以会计信息化概述作为出发点，主要研究信息化背景下财务会计管理。在会计信息化概述的基础上，分析了会计信息系统的构成、运行模式、使用管理等；阐述了财务会计信息系统的内部控制与审计；深度分析了信息化背景下财务人员能力升级与财务会计数据。书中的内容具有较强的理论性、实践性和通用性，立足现实，将理论与实际相结合，以求为我国企业在信息化背景下的财务会计管理工作提供参考，推动我国企业整体财务会计管理水平的进步。

　　本书在编写过程中，参考了大量的相关资料，在此对相关文献的作者表示感谢。书中存在的不足之处，敬请各位专家、学者和读者朋友们批评。

目　　录

第一章 会计信息化概述

第一节 会计信息化及其相关概念概述

一、会计电算化

（一）会计电算化的概念

会计是为了提高企业（单位）经济效益，加强企业（单位）经济管理而在企业（单位）范围内建立的一个以提供财务信息为主的经济信息系统。过去，人们利用纸、笔、算盘等工具开展会计工作；现在，随着科学技术的发展，人们利用电子计算机开展会计工作，促进了会计工作的电算化。

会计电算化，是"电子计算机在会计中的应用"的简称。"会计电算化"一词是由中华人民共和国财政部和中国会计学会于 1981 年 8 月在长春市召开的"财务、会计、成本应用电子计算机专题讨论会"上正式提出的。国内有学者将会计电算化称为"电算化会计""计算机会计"，国外有学者称其为"电算化会计信息系统"。

会计电算化的含义有狭义和广义之分。狭义的会计电算化是指以电子计算机为主体的电子信息技术在会计工作中的应用；广义的会计电算化是指与实现电算化有关的所有工作，包括会计软件的开发与应用、会计软件市场的培育与发展、会计电算化人才的培训、会计电算化的宏观规划和管理、会计电算化制度建设等。

（二）会计电算化的特征

与手工会计工作相比，会计电算化具有以下特征：

1.人机结合

在会计电算化方式下，会计人员在填制电子会计凭证并审核后，执行"记账"功能，计算机再根据程序和指令，在极短的时间内自动完成会计数据的分类、汇总、计算、传递及报告等工作。

2.会计核算自动化、集中化

过去，试算平衡、登记账簿等依靠人工完成的工作，在会计电算化方式下，都由计算机自动完成，大大减轻了会计人员的工作负担，提高了工作效率。计算机网络在会计电算化中的广泛应用，使得企业可以将分散的数据统一汇总到会计软件中进行集中处理，既提高了数据汇总的速度，又增强了企业集中管控的能力。

3.数据处理及时准确

利用计算机处理会计数据，可以在短时间内完成对会计数据的分类、汇总、计算、传递和报告等工作，使会计处理流程更为简便，核算结果更为精确。此外，在会计电算化方式下，会计软件运用合适的处理程序和逻辑控制，能够避免在手工处理方式中出现的一些错误。以"记账"处理为例，记账是计算机自动将记账凭证中的数据登记到总账、明细账、日记账等相关账户上，账户的数据都来自记账凭证，记账只是"数据搬家"，记账过程中不会出现数据转抄错误，因此会计电算化方式下的"记账"处理不需要进行账证核对、账账核对。

4.内部控制多样化

在会计电算化方式下，与会计工作相关的内部控制制度也将发生明显变化，内部控制由过去的纯粹人工控制发展成为人工与计算机相结合的控制方式。内部控制的内容更加丰富，范围更加广泛，要求更加明确，实施更加有效。

（三）会计电算化的产生和发展

1.会计电算化的产生

1954 年，美国通用电气公司运用计算机进行工资数据的计算处理，揭开了人类利用计算机进行会计数据处理的序幕。1979 年，我国在长春第一汽车制造厂进行首次在会计工作中应用计算机的试点工作。

2.会计电算化的发展

依据的划分标准不同，会计电算化划分的发展阶段亦不同。下面以会计软件的发展应用为参照，介绍会计电算化的发展过程。

（1）模拟手工记账的探索起步阶段

我国的会计电算化是 20 世纪 80 年代起步的，当时的会计电算化工作主要处于实验试点和理论研究阶段，这一阶段的主要内容是利用计算机代替手工处理大量数据，实质是将电子计算机作为一个高级的计算工具应用于会计领域。

此阶段主要实现了会计核算电算化，是会计电算化的初级阶段。利用计算机模拟手工记账，不仅能模拟手工环境的会计循环，还能模拟手工环境的数据输出形式。但这个阶段，计算机只能完成单项会计核算任务，不能实现信息共享。

（2）与其他业务结合的推广发展阶段

进入 20 世纪 90 年代后，企业开始将单项会计核算业务整合、扩展为全面电算化。企业引入了更多的会计核算子系统，形成了一套完整的会计核算软件系统，包括账务处理子系统、报表处理子系统、往来管理子系统、工资核算子系统、固定资产核算子系统、材料核算子系统、成本核算子系统、销售核算子系统等。企业积极对传统会计组织和业务处理流程进行调整，不仅实现了企业内部以会计核算系统为核心的信息集成化，还实现了会计信息和业务信息的一体化，并在两者之间实现无缝联合。

（3）引入会计专业判断的渗透融合阶段

我国顺应新形势的要求，于 2006 年 2 月建立了与国际准则趋同的企业会计准则体系。该体系引入了会计专业判断，同时审慎地引入了公允价值等计量基础，对会计电算化工作提出了新的要求。企业和会计软件开发商紧密围绕会计准则和会计制度，通过对会计电算化工作的不断调整和融合，逐步完成从单机应用向局域网应用的转变，尝试建立以会计电算化为核心的管理信息系统。

此阶段是会计电算化发展的高级阶段，目的是实现会计管理的电算化。在会计核算电算化的基础上，这一阶段的会计管理信息系统能够结合其他数据和信息，借助决策支持系统的理论和方法，帮助决策者制订科学的决策方案。

（4）与内部控制相结合，建立 ERP 系统的集成管理阶段

2008 年 6 月，中华人民共和国财政部（以下简称"财政部"）、中华人民共和国审计署（以下简称"审计署"）、中国银行保险监督管理委员会（以下简称"银保监会"）、中国证券监督管理委员会（以下简称"证监会"）、国务院国有资产监督管理委员会（以下简称"国资委"）等部委联合发布了《企业内部控制基本规范》，标志着我国企业内部控制建设取得了更大的突破和阶段性的成果，是我国企业内部控制建设的一个重要里程

碑。内部控制分为内部会计控制和内部管理控制。内部会计控制是指企业为了提高会计信息质量，保护资产安全完整，确保有关法律法规和规章制度可以有效执行而制定和实施的一系列控制方法、措施和程序。

随着现代企业制度的建立和内部管理的现代化，单纯依靠会计控制已难以应对企业出现的内、外部风险，会计控制必须向全面控制发展。传统的会计软件已不能完全满足企业会计信息化的要求，需逐步向与内部控制相结合的 ERP （Enterprise Resource Planning，企业资源计划）系统的方向发展。

与内部控制相结合的 ERP 系统的集成管理，实现了会计管理和会计工作的信息化。目前，这一阶段还在持续，并且取得了令人瞩目的成果。有的大型企业通过与内部控制相结合的 ERP 系统成功地将全部报表编制工作集中到总部一级。

二、会计信息化

从会计电算化的发展过程可以看出，会计软件的功能越来越强大，由最初的核算功能逐渐向管理功能、决策功能发展，实现了财务业务一体化处理，进而实现了与内部控制的高度融合，工作重点也由会计核算转向会计管理。伴随着电子商务的飞速发展，会计的一些方法和技术也发生了变化，这些变化的内容都超出了会计电算化的内涵，且与当今信息化环境紧密相关。1999 年 4 月，在深圳召开的"会计信息化理论专家座谈会"上，与会专家提出了"会计信息化"这一名词。之后，我国非常重视会计信息化建设。2009 年 4 月 12 日，财政部以财会〔2009〕6 号文件形式印发了《财政部关于全面推进我国会计信息化工作的指导意见》；2013 年 12 月 6 日，财政部以财会〔2013〕20 号文件形式印发了《企业会计信息化工作规范》。这些文件提出了要促进会计信息化建设，并对企业开展会计信息化作出了具体规定。

会计信息化，是指企业利用网络通信等现代信息技术手段开展会计核算，并将会计核算与其他经营管理活动有机结合的过程。

三、会计信息系统

（一）会计信息系统的概念

会计信息系统（Accounting Information System，AIS）是指利用信息技术对会计数据进行采集、存储和处理，完成会计核算任务，并提供与会计管理、分析和决策等相关的会计信息的系统。

（二）会计信息系统的构成要素

会计信息系统是人机结合的系统，该系统由计算机硬件、计算机软件、人员和会计规范等基本要素组成。

1.计算机硬件

计算机硬件是指进行会计数据输入、处理、存储及输出的各种电子设备。输入设备有键盘、鼠标、光电扫描仪、条形码扫描仪、POS（Point of sales，销售点情报管理系统）机、语音输入设备等；处理设备有计算机主机；存储设备包括内存储器和外存储器，其中内存储器包括随机存储器和只读存储器，外存储器包括硬盘、U 盘、光盘等；输出设备有显示器、打印机等。网卡、网线、数据交换机等电子设备也属于计算机硬件。

2.计算机软件

计算机软件包括系统软件和应用软件。系统软件是用来控制计算机运行，管理计算机的各种资源，并为应用软件的运行提供支持和服务的软件。系统软件是计算机系统必备的软件，如 Windows 操作系统、数据库管理系统，是保证会计信息系统正常运行的基础软件。应用软件是在硬件和系统软件的支持下，为解决各类具体应用问题而编制的软件，如 Microsoft Office 软件、会计软件等。会计软件是专门用于会计核算与会计管理的软件，没有会计软件的计算机系统就不能称为会计信息系统。

3.人员

人员是指使用和管理会计信息系统的人员，包括会计主管、系统开发人员、系统维护人员、软件操作人员等。人员是会计信息系统中的一个重要因素，如果没有一支高水平、高素质的会计信息系统的使用和管理队伍，那么即使计算机硬件、系统软件、会计软件再好，整个系统也难以稳定、正常地运行。

4.会计规范

会计规范是指保证会计信息系统正常运行的各种法律、法规及单位规章制度。如《中华人民共和国会计法》《企业会计准则》及单位内部制定的硬件管理制度、内部控制制度等。

四、会计软件

（一）会计软件的概念

会计软件是指企业使用的专门用于会计核算、财务管理的计算机软件系统或者功能模块，包括指挥计算机进行会计核算与管理工作的程序、存储数据和有关资料的程序等。例如，会计软件中的总账模块，不仅包括指挥计算机进行账务处理的程序和基本数据（如会计科目、凭证等），还包括软件使用手册等有关技术资料。

（二）会计软件的功能

第一，为会计核算、财务管理直接采集数据。

第二，生成会计凭证、账簿、报表等会计资料。

第三，对会计资料进行转换、输出、分析和利用。

（三）会计软件的分类

1.按适用范围分类

按适用范围，会计软件可分为通用会计软件和专用会计软件。通用会计软件是指软件公司为会计工作专门设计开发的、并以产品形式投入市场的应用软件。专用会计软件是指专门供某一单位使用的会计软件。

2.按会计信息共享程度分类

按会计信息共享程度，会计软件可分为单用户会计软件网络与多用户会计软件。单用户会计软件是指安装在一台或几台计算机上，单独运行，生成的会计数据也不能在计算机之间进行交换和共享的会计软件。网络与多用户会计软件是指在不同工作站或终端上的会计人员可以共享会计信息，通过各用户之间的资料共享，保证资料一致性的会计软件。

3.按功能和管理层次的高低分类

按功能和管理层次的高低，会计软件可分为核算型会计软件、管理型会计软件和决策型会计软件。核算型会计软件是指主要用于日常业务核算的会计软件，具备账务处理、薪资核算、固定资产核算、应收（付）款核算、报表编制等功能，会计核算功能是会计软件最基本的功能。管理型会计软件是在核算型会计软件的基础上发展起来的，除了具备会计核算功能，还具备会计管理控制功能。决策型会计软件是在管理型会计软件的基础上发展起来的，具备预测、决策等功能。

五、ERP 的概念

ERP 是企业资源计划的简称，是指利用信息技术，将企业内部所有资源整合在一起，对开发设计、采购、生产、成本、库存、分销、运输、财务、人力资源、品质管理进行规划，对企业的物质资源（物流）、人力资源（人流）、财务资源（财流）和信息资源（信息流）等资源进行一体化管理（即"四流一体化"或"四流合一"），同时将企业与外部的供应商、客户等市场要素有机结合的管理平台。其核心思想是供应链管理，强调对整个供应链进行有效管理，以提高企业配置和使用资源的效率。

ERP 是由美国著名咨询管理公司 Gartner Group（高德纳集团公司）于 1990 年提出的，最初被定义为应用软件。提出之后，很快就被全世界商业企业所接受，现已经发展成为现代企业管理理论之一。

在功能层次上，ERP 除了最核心的财务、分销和生产管理等功能以外，还集成了人力资源、质量管理、决策支持等其他企业管理功能。会计信息系统已经成为 ERP 系统的一个子系统。

六、XBRL 的作用、优势和发展历程

（一）XBRL 的概念

XBRL 是可扩展商业报告语言（eXtensible Business Reporting Language）的简称，是一种基于可扩展标记语言（eXtensible Markup Language）的开放性业务报告技术标准。

XBRL 是以互联网和跨平台操作为基础的，专门用于财务报告编制、披露和使用的计算机语言。它基本实现了数据的集成与最大化利用及资料共享，是国际上将会计准则与计算机语言相结合的，用于非结构化数据，尤其是财务信息交换的最新公认标准和技术。数据通过特定的识别和分类，可直接被使用者或其他软件读取，并进行进一步的处理，实现一次录入多次使用。

（二）XBRL 的作用与优势

XBRL 的作用主要在于将财务和商业数据电子化，促进财务和商业信息的显示、分析和传递。XBRL 通过定义统一的数据格式标准，规定了企业报告信息的表达方法。会计信息生产者和使用者可以通过 XBRL 在互联网上处理各种信息，并将信息迅速转化成各种形式的文件。

企业应用 XBRL 的优势主要表现在以下几个方面：①能够提供更精确的财务报告与更具有可信度和相关性的信息；②能够降低数据采集成本，提高数据流转及交换效率；③能够帮助数据使用者更快捷方便地调用、读取和分析数据；④能够使财务数据具有更广泛的可比性；⑤能够增加资料在未来的可读性与可维护性；⑥能够适应变化的会计准则的要求。

（三）我国 XBRL 的发展历程

我国 XBRL 的发展始于证券领域。2003 年 11 月，上海证券交易所在全国率先实施了基于 XBRL 的上市公司信息披露标准；2005 年 1 月，深圳证券交易所颁布了 1.0 版本的 XBRL 报送系统；2005 年 4 月和 2006 年 3 月，上海证券交易所和深圳证券交易所先后加入了 XBRL 国际组织。此后，我国的 XBRL 组织机构和规范标准日趋完善。

2008 年 11 月，财政部牵头，联合银保监会、证监会、国资委、审计署、中国人民银行、国家税务总局等部门成立了中国会计信息化委员会暨 XBRL 中国地区组织。2009 年 4 月，财政部在《关于全面推进我国会计信息化工作的指导意见》中将 XBRL 纳入会计信息化的标准。2010 年 10 月 19 日，国家标准化管理委员会和财政部联合颁布了可扩展商业报告语言（XBRL）技术规范和企业会计准则通用分类标准，成为我国 XBRL 发展历程中的一个重要里程碑，表明 XBRL 在我国的各项应用中有了统一的架构和技术标准。

2020 年，为反映企业会计准则的变化，满足企业会计准则通用分类标准（以下简称"通用分类标准"）实施工作的需要，财政部对 2015 版通用分类标准进行了修订。

第二节　信息化工作的组织与规划

　　会计信息化是会计工作的发展方向。我国大中型企事业单位和县级以上国家机关都应积极地创造条件，尽早实现会计信息化。实施会计信息化是促进企事业单位会计基础工作规范化、提高经济效益的重要手段和有效措施，是企事业单位建立现代企业管理制度和提高会计工作质量的一项重要工作。

　　会计信息化是一项系统工程，涉及单位内部的各个方面。一方面，各单位负责人或总会计师应当亲自组织、领导会计信息化工作，主持拟定本单位会计信息化工作规划，并协调单位内部各部门间的关系，共同做好会计信息化工作；另一方面，各单位的财务会计部门是会计信息化工作的主要承担者，应该在单位各部门的配合下，负责和承担会计信息化的具体组织与实施工作，负责提出实现本单位会计信息化的具体方案。

　　与传统的手工会计信息处理不同，会计信息系统不仅包含原手工会计处理的一些操作手段和工作过程，还涉及电子计算机系统的应用与维护。因此，会计信息系统的组织除了要建立进行一般会计处理的机构，还要组织技术力量对计算机系统进行管理和维护。会计信息系统的应用改变了传统的工作形式。

一、电子计算机系统和会计软件的配置

　　电子计算机系统和会计软件是实现会计信息化的重要物质基础。与本单位会计信息化工作规划相适应的计算机机种、机型和系统软件以及有关配套设备，是会计信息化工作顺利实施的基本保证。

　　具备一定硬件基础和技术力量的单位，可以充分利用现有的计算机设备建立计算机网络，以实现信息资源共享和会计数据的实时处理。由于财务会计部门处理的数据量大，对数据结构和处理方法要求严格，对系统安全性要求高，所以各单位用于会计信息化工作的电子计算机设备应由财务会计部门管理。若硬件设备较多，应给财务会计部门设立

单独的计算机室。

配备会计应用软件是会计信息化的基础工作，会计应用软件的优劣对会计信息化工作的成败起着关键性作用。配备的会计应用软件，主要有通用会计软件、定点开发会计软件，或者通用会计软件与定点开发会计软件相结合。

各单位在开展会计信息化工作的初期应尽量选择通用会计软件。通用会计软件投资少、见效快，在软件开发或者技术服务单位的协助下易于成功。各单位选择通用会计软件时应注意软件的合法性、安全性、正确性和可扩充性，确认软件的功能是否可以满足本单位会计工作的需要，并考虑到今后工作发展的要求。

定点开发会计软件有本单位自行开发、委托其他单位开发和联合开发等形式。大中型企事业单位一般都对会计业务有特殊要求，这些单位在取得一定的会计信息化工作经验以后，可以根据现实工作的需要，以定点开发的形式开发会计软件，也可以选择用于大中型企事业单位和集团公司的集成化商品会计软件。

在会计信息化工作逐渐变得复杂后，若通用会计软件不能完全满足本单位的特殊要求，相关单位就可采取通用会计软件与定点开发会计软件相结合的方式开发会计软件，但在应用过程中要对通用会计软件进行二次开发，以确保投资的效率和会计数据资源可以充分利用。

二、代替手工记账

代替手工记账是会计信息化的目标之一。采用电子计算机代替手工记账，是指应用会计核算软件输入会计数据，由电子计算机对数据进行处理，并打印输出会计账簿和报表。用会计信息系统代替手工记账的单位应满足以下条件：配备了实用的会计软件和相应的计算机硬件设备，配备了相应的会计信息化工作人员，建立了严格的内部管理制度。

财政部门规定：在用会计信息系统代替手工记账之前，会计信息系统与手工记账应并行工作 2 个月以上（一般不超过 6 个月），并且两者核算的数据要一致，同时相关工作应接受有关部门的监督。

代替手工记账的过程是会计工作从手工核算向电算化核算的过渡阶段。由于计算机系统与手工记账并行工作，会计人员的工作强度较大，所以相关单位必须重视用会计信息系统代替手工记账的工作。

会计信息系统代替手工记账失败的原因主要有数据准备不充分、会计工作人员技术准备与心理准备不足、单位领导缺乏现代管理意识等。系统转换一旦出现差错，就会对下一步的工作产生很大影响，甚至引起人们对会计信息化工作的怀疑。

会计信息化工作与手工核算的业务内容基本相同，但存储在计算机系统内的会计数据的打印输出和保存是代替手工记账的重要工作。根据会计信息化的特点，相关单位在进行会计信息化时应注意以下几个问题：

第一，会计信息系统打印输出的书面会计凭证、账簿、报表应当符合国家统一会计制度的要求，采用中文或中外文对照。会计档案的保存期限按《会计档案管理办法》的规定执行。

第二，在当期所有记账凭证数据和明细分类账数据都保存在计算机内部的情况下，总分类账可以从这些数据中产生，因此当期总分类账可以用"总分类账户本期发生额及余额对照表"代替。

第三，受到打印机应用条件和使用形式的限制，现金日记账和银行存款日记账可将计算机打印输出的活页账页装订成册。一般账簿可以根据实际情况和工作需要按月、按季或按年打印。

第四，在保证凭证和账簿清晰的条件下，计算机打印输出的凭证、账簿中的表格线可适当减少。在用会计信息系统代替手工记账后，当天发生的会计业务应于当天登记入账，到期未及时结账的，打印输出会计报表。计算机中的凭证、账簿数据无论在什么时候都要能如实地反映企事业单位的资金运转过程和财务状况。

会计信息化工作对会计人员的职能也提出了更高的要求。会计人员要能够灵活地运用计算机对数据进行综合分析，定期或不定期地向单位领导报告主要财务指标和分析结果；单位领导也应通过会计信息系统提供的领导查询系统主动地获取财务数据。

三、甩账的验收审批

为提高会计信息化后的会计工作质量，保证会计工作得到上级各部门的认可，且操作符合国家有关规定，单位在正式使用计算机代替手工记账之前应先验收。验收过程可以归纳为两种形式：一种形式是由财政部门直接对申请代替手工记账的单位进行审查，验收合格后办理计算机代替手工记账的审批手续，并发放计算机代替手工记账的许可证。另一种形式是财政部门间接管理，由申请计算机代替手工记账的单位委托会计师事务所进行计算机代替手工记账的审查，出具审查合格报表，并抄送至财务、税务、审计、业务等主管部门；财政部门只负责对会计师事务所的审查工作质量进行监督和检查，在审核会计师事务所的审查报告后作出正式批复。无论采取何种形式进行审查，依据的标准都是《会计电算化管理办法》和《会计电算化工作规范》。验收工作主要包括对会计核算软件的评审，及对计算机代替手工记账的审批。

对会计核算软件的评审，是判定单位使用的会计软件是否符合现行会计制度及对软件的安全性和可靠性的评价。对已评审的会计核算软件，甩账验收时可以不再进行软件的评审工作。此外，对于会计软件的运行环境和管理制度，相关部门也要进行检查。

对计算机代替手工记账的审批主要有以下几个方面的内容：审查 3 个月（或 6 个月）并行期间手工账与计算机账的一致性，审查会计档案保管制度，审查会计人员电算化岗位分工制度。

四、会计核算软件的二次开发

会计核算软件的二次开发，是指当会计核算软件的功能不能完全满足用户的需求时，用户需要在原来软件的基础上进行进一步的开发，以补充、改进软件的一部分功能，满足自身对会计核算业务的要求。

通常，商品化会计核算软件在开发过程中主要考虑的是软件的标准使用模式。企业会计信息化工作的深入开展和用户计算机业务能力的提高，都要求对原有的软件功能进行拓展。

对会计核算软件进行二次开发的主要原因有以下几种情况：①商品化会计核算软件的功能不能实现某些特殊会计核算处理的要求，需要增加这部分会计核算业务的程序模块；②原有商品化会计核算软件的功能与本单位具体情况不完全符合，要在原有程序模块的功能上进行修正；③将商品化会计核算软件系统组合到本单位的管理信息系统工作中，使会计核算系统成为企业管理信息系统的一个子系统。

根据企业不断变化的外部环境和企业内部管理的要求，加强企业的内部管理已成为会计部门和企业其他管理部门的当务之急。企业急需各种各样的、大量的、全方位的信息，并通过对这些信息的处理进行企业管理事项的决策。

商品化会计核算软件通常是使用范围比较广泛的会计软件，虽然其针对不同行业的会计核算工作的特点推出了不同的版本，但不可能将行业的信息要求、个别特殊信息需求及其他未考虑到的信息需求一一罗列，企业需要进行会计软件的二次开发。

（一）会计软件的二次开发工作需要考虑的事项

第一，根据财务管理、业务管理的要求，进行分析、设计、规划等工作。

第二，根据当前的、以后的计算机系统技术条件，进行分析、设计、规划等工作。

第三，分析软件开发完成后所能带来的工作效益、经济效益。

第四，计算会计软件二次开发所需要的工作时间、工作费用。

第五，确定会计软件二次开发所需要的物资条件、开发工具与人员。

第六，制定会计软件二次开发时的制度与规范。

第七，检查目前是否有现成的软件可以直接应用，或者稍做改动即可应用，或者是否可以稍微改动自己单位的管理方式，以适应会计软件的设计要求。

第八，会计软件二次开发的测试、修改、维护、版本升级。

第九，会计软件二次开发后，上级财务、会计、业务主管部门的审批。

（二）会计软件二次开发应注意的问题

第一，软件开发成本失控。

第二，软件开发进度失控。

第三，最终用户对"已完成的"软件系统不满意。

第四，在软件开发过程中遇到了预先没有估计到的技术方面或其他方面的困难。

第五，软件产品的质量失控。

第六，软件开发过程中人员的更换和离去。

第七，软件没有相应的技术资料和使用说明。

第八，软件开发完成后未达到预期的投入产出比。

第九，相关人员或内部人员失去了信心，或者没有责任心。

第十，软件开发速度低于计算机技术的发展速度，或者低于其他相同功能软件的发展速度。

第三节　会计信息系统的硬件与软件

一、会计信息系统硬件

本节涉及的硬件设备按类型可以分为计算机主机、计算机外围设备。

（一）计算机主机

计算机一般分为大型机、中型机、小型机和微型计算机，微型计算机以其高性能和低价格的优势迅速占据了市场。单纯从设备的计算能力来区别各类计算机，已难以划分出明显的界线。下文结合会计信息化的应用，从超级计算机、网络服务器、微型计算机和计算机交互式终端等方面来阐述计算机主机。

1.超级计算机

超级计算机是计算机中功能最强、运算速度最快、存储容量最大的一类计算机，通常是指由数百、数千，甚至更多的处理器（机）组成的计算机，多用于国家高科技领域和尖端技术研究，是国家科技发展水平和综合国力的重要体现。现阶段，就超级计算机的应用领域来说，我国和美国、德国等发达国家还有较大差距。

作为高科技发展的要素，超级计算机早已成为世界各国在经济和国防方面的竞争利器。超级计算机是一个国家科研实力的体现，对国家安全、经济和社会发展具有举足轻重的意义。我国超级计算机的研究及其应用为我国走科技强国之路提供了坚实的基础和保证。

某些对计算机能力要求极高的应用领域，如天气预报、卫星导航、军事对抗等，都离不开超级计算机。在会计电算化领域中，在某些金融数据处理中心，例如金融信息中心、证券服务、集团公司中央处理系统等，小规模的计算机系统难以顺利进行工作，这时就需要有功能强大的超级计算机或大型计算机系统。但这类计算机价格昂贵，不适合计算机的普及应用。

目前，排名第一的是 IBM 公司（International Business Machines Corporation，国际商业机器公司）推出的蓝色基因——Blue Gene/L，它同时合并了 65 536 个处理器，再加上可升级的模板设计，运算速度达到了每秒 280.6 万亿次。

2.网络服务器

目前，几乎所有的计算机主机设备厂商都生产网络服务器。网络服务器用于计算机网络的管理、计算和共享数据等方面。以前，所有的服务器都是通用的，用户主要依据处理器的处理能力、存储容量的大小等硬性指标来选择服务器。随着计算机网络的发展，服务器的网络应用逐渐多样化，如文件服务器、电子邮件服务器、网站服务器、磁盘服务器、打印服务器、应用程序服务器、FTP（File Transfer Protocol，文件传输协议）服务器、数据库服务器等。网络应用的细分导致人们对服务器性能的要求更高。服务器的不同应用要求促进了专用服务器的出现和发展，专用服务器产品也随之出现。这是计算机时代产品和技术发展的必然趋势，是网络应用向更深层进步的特征。

3.微型计算机

微型计算机是计算机技术在发展过程中献给人们最好的礼物之一，因为它具有体积小、价格低、计算能力强等优点，所以被大量引入办公室和家庭。从世界各国的发展情况来看，微型计算机已成为计算机数据处理的主力军。在会计信息系统中，绝大多数都是通过微型计算机与最终用户打交道。

微型计算机技术发展极其迅速，其所用的微处理器主频从 1981 年的 4.77 MHz 提升到 4 GHz 以上，提高了 800 余倍。同时，单枚 CPU（Central Processing Unit，中央处理器）的处理单元朝着双核、四核等多核心发展。实际上，一般用户对微型计算机性能的要求并不是很高，当前计算机市场性价比最高的主流配置，即可满足需要。随着人们对工作环境要求的提高，在选择计算机相关产品时，人们的侧重点会从设备的技术性能转移到产品的个性化设计上，如大面积的液晶或投影显示屏等，以此提高会计信息化的工作效率。

4.计算机交互式终端

事实上，计算机终端并不是计算机主机，终端是指计算机的交互式操作终端设备。同使用微型计算机一样，用户主要借助鼠标、键盘等进行操作。

相对于传统的 PC 机（Personal Computer，个人电脑），会计核算软件只需在服务器上安装一次就可以在众多终端上并发执行，且运行速度快、安全性好、硬件不用升级、软件升级简单。这种工作方式能有效地解决会计信息系统升级、维护，以及计算机病毒等问题，非常适合企业系统的集中计算、集中升级、集中管理的工作模式。

虽然交互式终端具有以上优点，但在较分散的地域上工作还不太适合。同时，若终端产品产量不大，各厂商的产品硬件不能通用，势必会出现维修费用过高的问题。并且生产厂家一旦转产或消失，配件将无法得到有效供应，损失就会较大。在微型计算机普及的今天，虽然交互式终端几乎被人们遗忘了，但是这并不能埋没其在计算机应用系统中的丰功伟绩。

（二）计算机外围设备

计算机外围设备有很多种类型，并且随着计算机与网络技术的发展不断地涌现，其主要可分为输入设备、输出设备、数据存储设备、计算机网络设备四类。

1.输入设备

在会计信息系统中，人们通常利用键盘和鼠标进行数据输入。随着多媒体技术的发展，许多输入设备都可以用在会计数据的输入工作中。手写、语音和图像输入设备的出现，使会计信息系统能够处理更加丰富的内容。

手写笔对于中文文字的输入有着特殊的意义，通过手写，人们可以直接将文字信息输入计算机。在会计信息系统中，摘要和备注的输入与中文信息关系最密切。一般商品化会计核算软件允许预先编辑并存储这类信息，以备输入时选用。手写笔可以作为文字输入的一种补充手段。

语音输入是近几年发展起来并日趋成熟的一种输入方式，其输入设备是麦克风和语音处理设备（声卡）。在会计信息系统中，人们可以利用语音输入设备向计算机输入会计信息，以提高数据输入的效率，减轻输入工作的强度和单调性。语音输入方式与其他输入方式配合使用，有助于提高输入效率。

过去在商品化会计核算软件中，对图像的处理还比较少见。一方面，图像处理对计算机的计算能力和图像处理能力有一定的要求；另一方面，图像数据的处理和存储需要较大的存储空间。然而，这些问题对当前微型计算机的性能与配置来说已经不是一道难题。在会计信息系统中，人们可以利用图形输入设备输入并保存大量的原始凭证信息，完成这一工作的设备便是图像扫描仪。根据工作原理划分，图像扫描仪的传感器主要有接触式图像传感器（Contact Image Sensor）与电荷耦合器件传感器（Charge Coupled

Device）两种，图像分辨率都可轻易地达到 600×1 200 DPI。在会计核算过程中，人们可以将各类原始凭证的"复印件"输入计算机。例如，某银行利用扫描仪将来自各支行的会计凭证、储蓄凭证、国际业务凭证、信用卡凭证等输入计算机，从而提高了凭证档案管理的效率，缩短了客户服务的响应时间，大大降低了手工管理的劳动强度和费用。另外，扫描仪还可以用于对关键票证的鉴别与验证。例如，对客户预留存根进行自动搜索，并对客户所持支票的印鉴进行核对。据了解，某网络科技公司的支票管理与防伪系统的假印识别率接近 100%，真印通过率可达 95%。

数码相机也是近年来发展迅速的图像输入设备。银行系统的储蓄与对公业务可以启用视频监视系统来保留业务操作过程。会计信息系统也可以用数码相机记录会计业务交易活动现场，并随着原始凭证一起保存，作为日后备查的线索。至于由此引出的人物肖像权问题，可通过有关法律法规比照银行摄像系统处置。

2.输出设备

由于会计工作的特殊性，会计业务的输出内容具有很强的规范性。因此，在会计信息系统中，输出资料以硬拷贝为主，而且这些凭证、账表还需要会计人员签名盖章，否则这些输出不具有法律效力，只能当作副本参阅。打印机扮演着会计信息系统输出设备的主角。打印机可分为针式打印机、喷墨打印机、固体喷蜡打印机、激光打印机等。

针式打印机的缺点是难以提高打印速度、工作噪声大。但是在财务会计系统中，在票据的输出方面，针式打印机具有其他类型的打印机不可替代的特性：①针式打印机可以自由地控制走纸范围和精度，可以适应不同尺寸票据输出的需要；②针式打印机支持多层打印，对于多联形式的票据，如发票等，可以一次打印完成；③针式打印机的购置价格和使用成本较低，耗材补充适应性强。

喷墨打印机的使用成本是各类打印机中最高的，但是在图像输出，特别是彩色图像的输出方面，有着较大的优势。在对原始凭证的电子化管理中，喷墨打印机是不可或缺的设备。

固体喷蜡打印机的工作原理：对青、品红、黄、黑四色固体蜡做两次相变，固体蜡原本附着在打印机的鼓上，打印时进行第一次相变，熔化成液体并喷到打印介质上，然后立刻被重新固化，即第二次相变。在打印介质上形成图像之后，经过两个滚筒的挤压，介质表面变得非常光滑。固体喷蜡式打印机打印出的图像效果虽然稍逊于热升华打印机，但是其色彩极为艳丽鲜亮，对打印介质要求也不严，彩色打印速度要比热升华打印机快得多。

激光打印机的输出速度较快,打印质量也非常好,特别适合输出大量的文字资料和黑白图像资料。使用彩色激光打印机也可以输出彩色图像,但设备价格和维护费用比较高。激光打印机可用于会计信息系统中的报表、账簿等财务报告资料的输出。

显示屏幕和语音输出设备可用于会计核算数据查询和分析数据的输出。例如,账表查询、数据统计等操作的结果。

3.数据存储设备

计算机数据存储设备的发展与计算机技术的发展相似,其设备性能迅速提高。目前,计算机内的主要存储设备是磁盘驱动器。磁盘驱动器存储容量大、存取速度快,并且价格便宜。市场上性价比较高的磁盘驱动器的容量已经达到 1 000 GB 及以上,主轴转速达到 7 200 r/min 及以上,并且还在高速增长。

便携式硬盘、闪存盘、存储卡等即插即用的存储设备早已取代了软盘设备。U 盘是 USB 盘的简称,USB 就是一种外围设备与计算机主机相连的接口类型。广义上的 U 盘就是指移动存储设备,而狭义上的 U 盘仅仅指闪存盘。U 盘是常见的移动存储设备之一,其特点是小巧、存储容量大、价格便宜。目前,U 盘容量有 1 GB、2 GB、4 GB、8 GB、16 GB、32 GB、64 GB、128 GB、256 GB、512 GB、1 TB 等。以常见的 128 G 的 U 盘为例,其价格仅几十元。U 盘携带方便,人们可以把它挂在胸前、吊在钥匙串上,甚至放进钱包里。

闪存盘,是二十年以来计算机存储领域唯一属于中国人的原创性发明专利成果。一般,采用 MLC(Multi-Level Cell,多层单元)颗粒的 U 盘可擦写 1 万次以上,而采用 SLC(Single-Level Cell,单层单元)颗粒的 U 盘使用寿命更是长达 10 万次。"U 盘"不是产品名称,而是哈尔滨朗科科技有限公司注册的闪存盘商标。哈尔滨朗科科技有限公司发明了世界上第一款闪存盘,并因此荣获闪存盘全球基础性发明专利,公司总裁吕正彬是创始人及发明专利持有者之一。

会计信息系统对数据的安全要求很高,不仅要求数据存储设备支持电算化系统的会计业务工作,还要求对会计核算的数据进行备份。除了磁盘驱动器(简称"磁盘")外,存储设备还有传统的磁带驱动器(简称"磁带")和近年来正在走向实用的可刻录光盘驱动器。

与磁盘驱动器相比,在进行数据备份时,磁带设备具有不可代替的地位:第一,磁带的存储密度较高;第二,磁带记录数据的可靠性强,不会因外界的物理冲击而丢失数据;第三,磁带的单卷存储容量与磁盘相当。磁带作为对会计核算数据进行备份的介质有其独特的好处，但其缺点是存取速度较磁盘稍低，目前这种情形正有所改善。

可刻录光盘驱动器的推出是引人瞩目的，与其他存储设备相比，它有以下优点：第一，数据存储量大。CD（Compact Disc，激光唱片）的存储量，单盘可达 750 MB；而 DVD（Digital Video Disc，数字视频光盘）的存储量，单盘可达数 10 GB。第二，存取速度快。目前，已推出 48 倍读、32 倍写、12 倍重写性能的可刻录光盘驱动器。第三，CD-RW 盘片上的数据可随机读写，与磁盘类似，操作极为方便。第四，可刻录光盘 CD（DVD）-R 盘片与可擦写光盘 CD（DVD）-RW 盘片均能与（CD）DVD 设备兼容。这些盘片可在普通的 CD-ROM 和 DVD 光盘驱动器上读取。第五，数据存储保存时间长，可达数十年。

虽然 MO（MagnetoOptical Disk，磁光盘）与 ZIP（Zip Disk，极碟）设备早已出现，但它们都不能与可刻录光盘驱动器相比。在会计信息系统中，使用可刻录光盘驱动器存储数据，配合图像编辑手段，可以实现存放和实时处理大量的原始凭证。

4.计算机网络设备

在大企业中，会计信息系统需要在计算机网络环境下工作，以充分发挥其功能。这样不仅易于会计业务的分布式运行，还能与企业的其他信息处理子系统便利地交换数据。常用的组网设备与器材有关，网络各节点的电子计算机通过各类通信信道被有机地连接起来。通过通信网络的物理连接，会计信息系统的各个工作站点不仅可以互相联络，还可以共享数据，并接受其他服务。

二、会计信息系统软件平台

要支撑会计信息系统的运行，就必须为其构建一个良好的软件工作平台。会计信息系统必须在系统软件及有关的数据处理和维护软件的支持下工作。

（一）系统软件

计算机系统软件主要指计算机操作系统。操作系统的功能是有效地管理计算机的硬件与软件资源，并为用户提供一个友好的操作界面。除了某些特别的计算机系统，常用的微型计算机操作系统有 Unix、Windows 和 Linux。

1.Unix 操作系统

Unix 操作系统是一个交互式的多用户分时操作系统，自 1969 年问世以来，发展十分迅速。1973 年，人们用可以在不同类型计算机体系结构中使用的 C 语言重写了 Unix 操作系统，使得 Unix 操作系统具有了可移植的条件。之后，大量的使用者和大公司竞相开发和扩充 Unix 操作系统的功能，使其性能越来越强，可以运行的实用程序也越来越丰富。目前，Unix 操作系统已被移植到各类计算机、工作站、服务器和微型计算机上。美国 IEEE（Institute of Electrical and Electronic Engineers，电气与电子工程师协会）组织成立的 POSIX（Portable Operating System Interface of Unix，基于 Unix 操作系统的可移植 OS 界面）委员会给 Unix 操作系统下了一个标准的定义，即可以运行 Unix 应用软件的操作系统就是 Unix 操作系统。

Unix 操作系统具有良好的稳定性和安全性。例如，SCO Unix 操作系统为用户提供了四个安全级别，分别是 Low 级、Traditional 级、Improved 级和 High 级，其中 Improved 级达到了美国国防部的 C1 级安全标准，High 级则高于 C2 级。Unix 操作系统作为一个成熟的网络操作系统，已广泛地应用在金融、保险、邮电等行业，会计核算软件可以选用 Unix 操作系统作为平台。

2.Windows 操作系统

自从 1981 年 8 月 12 日 IBM 公司推出了个人电脑，并宣布了当时的 MS-DOSI.0 操作系统，微软公司就成了微型计算机操作系统的霸主。随之推出的 Windows 操作系统也几乎成了微型计算机操作系统的代名词。在我国，几乎所有的商品化会计核算及管理软件开发商在 Windows 操作系统问世以后，都将会计软件从 DOS（Disk Operating System，磁盘操作系统）平台转移到 Windows 平台。

3.Linux 操作系统

Linux 操作系统是一个基于 POSIX 和 Unix 操作系统的多用户、多任务、支持多线程和多 CPU 的操作系统，Linux 操作系统来源于林纳斯·本纳第克特·托瓦兹的将 Unix 操作系统移植到 Intel（英特尔）处理器架构的计算机上的构想。Linux 操作系统能运行 Unix 操作系统的主要工具软件、应用程序和网络协议，而且模块化的结构设计也使其具有良好的扩充性。同时，Linux 操作系统是一个免费软件，任何人都可以通过互联网免费得到它。

Linux 操作系统向 Windows 操作系统发起了冲击，Linux 操作系统在可扩展性、互操作性、易管理性和网络功能上都优于 Windows NT。随着 Linux 操作系统的发展，许多软件商和硬件商都宣布支持 Linux 操作系统，并纷纷开发 Linux 平台的软件和硬件，使得 Linux 操作系统逐渐成为主要的操作系统平台，在政府、商务、教育等领域得到了广泛的应用，用户队伍逐渐壮大。目前，我国的会计核算软件开发商在推出 Windows 平台上的财务软件的同时，也在尝试开发 Linux 平台上的会计核算软件。

（二）实用软件

会计信息系统除了要求在操作系统平台的支撑下运行外，还需要一些其他软件的支持，包括文件与数据管理软件、文字处理软件、图形图像处理软件、声音和语音处理软件、防病毒/防火墙软件、计算机语言编译与集成开发环境（IDE）软件等。这些软件被称为实用软件，可分成四类，即数据管理与维护软件、图文（多媒体）编辑软件、系统开发工具和系统安全与防护软件。

1.数据管理与维护软件

会计信息系统产生的各类数据均存放在计算机系统的存储器中，一般的数据处理，如数据的备份与恢复等功能都集成在会计核算软件中。但若要对系统内的数据进行维护，还需要用专门的数据管理软件，如在会计核算数据的存储格式受到损伤时进行修补、对存储空间的文件进行整理等。数据管理方面的实用程序一般都由所安装的操作系统提供。

2.图文（多媒体）编辑软件

会计信息系统在工作期间可能需要对某些财务报告文件进行编辑。对多媒体文件的编辑要用对应的编辑软件。若在会计核算的账务处理过程中，不仅要对原来的文字进行输入与输出，还需要进行原始凭证的输入、输出以及语音处理等，那么相关单位可将对应的编辑软件嵌入会计核算软件系统中。

3.系统开发工具

系统开发工具常用于修补会计信息系统中的功能程序，或者增加其中的某些功能。若会计信息系统不能满足当前需要，那么在技术条件允许的情况下，相关单位可以对系统进行二次开发。选用的系统开发工具最好与原来开发会计核算软件的工具相同或版本更高。微软又在其系统开发环境中推出了 C#，用以代替 C++，并向 Java 等系统开发语言发起了新一轮的挑战。

4.系统安全与防护软件

目前，系统受到的安全威胁主要来自计算机病毒和计算机网络中的人为攻击，其中计算机网络中的人为攻击的情况更为复杂。会计信息系统的管理员应该及时发现问题并进行有效处理，使用系统安全与防护软件，实现规范的计算机安全管理。

（三）数据库管理系统

可用于开发会计信息系统的数据库管理系统有很多。过去，由于性能，微型计算机只能使用一些小型的数据库系统，如 dBASE 数据库、FoxBASE 数据库、FoxPro 数据库、Access 数据库等。现在，许多大型的数据库管理系统都能在微型计算机及其网络系统中运行，如 Sybase 数据库、Oracle 数据库、Informix 数据库和 Microsoft SQL Server 数据库等。

（四）计算机网络与通信软件

多数会计信息系统都需要通过局域网来工作，尤其大规模的集团公司，其工作范围更要突破地域限制。因此，局域网与互联网的连接，是目前网络计算的需要。计算机网络的组织方案有很多种，都需要配置相应的软件。但是，如何使得组网更方便、更灵活、更便于发挥会计信息化的作用呢？目前有两种技术，一种是无线局域网，另一种是蓝牙技术。

1.无线局域网

无线局域网可以极大地提高经济效益。据无线局域网协会的调查，应用无线局域网可提高 48% 的生产率、6% 的企业效率、6% 的收益与利润，降低 40% 的成本。无线局域网可以采用网桥连接、基站接入等不同的网络结构。无线局域网的接入可以解决在一定范围内企业各建筑物间的网络通信问题，减少网络对布线的需要及其相关开支，还可以提供灵活性更高、移动性更强的信息通道。

2.蓝牙技术

蓝牙是 1998 年 5 月由东芝、爱立信、IBM、Intel 和诺基亚共同提出的近距离无线数字通信的技术标准。蓝牙是通过无线电通信技术，在一个有限范围内建立网络互联的手段。由于发射功率足够小，蓝牙不会对其他区域的网络通信产生干扰。

蓝牙技术的有效传输距离一般为 10 cm～10 m，增加发射功率可达 100 m，甚至更远；收发器工作频率为 2.45 GHz。蓝牙技术的优点是可以支持语音和数据传输；可穿透不同物质以及在物质间扩散，抗干扰性强、不易窃听；不受频谱的限制，功耗低、成本低。

通过蓝牙技术组网，在办公室或在有效通信范围内，会计信息系统工作网络可以免除布线工作，并且能在有效范围内自由移动。

三、商品化会计核算软件开发供应商

在政府的大力支持和扶植下，我国商品化会计核算软件发展迅速，并走向成熟。我国在开发商品化会计与管理软件方面的软件公司主要有北京安易软件有限责任公司、北京用友软件股份有限公司、金蝶国际软件集团有限公司、浪潮集团山东通用软件有限公司、重庆东大金算盘软件有限公司和北京通审软件技术有限公司等，下面以其中几家公司为例进行介绍。

（一）北京安易软件有限责任公司

北京安易软件有限责任公司（简称"安易公司"）是由中华人民共和国财政部批准并投资的企业财务及企业管理软件公司，以我国唯一的会计信息化研究机构"中国会计电算化研究开发中心"为技术依托，所研制的安易会计软件采用国际尖端电脑技术。1999年12月，安易公司通过了 ISO9000 质量管理及保证体系国际认证。

"安易 2000"财务管理软件是安易公司面向大中型企事业单位，采用大型数据库管理系统平台研制的，全面支持互联网和电子商务的新一代多媒体财务管理软件。针对中小企业的电子商务，安易公司推出了"王"系列财务软件，如"会计王""存货王"等。

（二）北京用友软件股份有限公司

北京用友软件股份有限公司（简称"用友公司"）创立于 1988 年，是中国第一家通过 ISO9002 国际质量体系认证，并将该体系全面推广和实施到全国各子公司的软件企业。用友公司开发的应用软件包括财务软件、企业管理/ERP 软件、电子商务/CRM（Customer Relationship Management，客户关系管理）软件。用友公司的软件具有良好的市场表现，市场发展始终保持稳步增长。

用友网络财务软件 V9.10（Web 版）是用友公司最新推出的基于浏览器/服务器（B/S）计算模式的集团财务管理系统。该软件采用 Java 技术开发，后台可连接多种大型关系数据库，并保证了财务的跨平台运行。在财务管理功能上，该软件满足了财务核算、管理会计和决策支持三个层次的需求。

2003 年 1 月 8 日，用友公司和安易公司共同在北京人民大会堂召开新闻发布会，向外界正式宣布，用友公司成功投资安易公司，新成立的用友安易公司将由用友公司控股，并已于 2003 年 1 月 1 日投入运营。

根据赛迪资讯的调查，当年用友公司在中国管理软件市场占有率名列第一，安易公司名列第五，两家公司所占市场份额总和占了中国管理软件市场的三分之一，在中央国家机关，所采用的财务和相关电子政务软件几乎全部来自这两家公司。

在此次投资合作中，用友公司投入 1 260 万元与原安易公司共同成立了一家新的软件公司，新公司受让原安易公司业务及资产。整合完成后，在新成立的用友安易公司中，用友公司占 68%的股份，原安易公司股东财政部财政科学研究所和北京金山峰软件有限公司分别占 21.5%和 10.5%的股份。在用友安易公司的管理团队中，用友公司副董事长郭新平先生出任董事长，财政部财政科学研究所副所长苏明先生担任监事长，原安易公司总经理严绍业先生担任总经理。新成立的用友安易公司的目标直指电子政务。

（三）金蝶国际软件集团有限公司

金蝶国际软件集团有限公司（简称"金蝶"）是亚太地区领先的企业管理软件及电子商务应用解决方案供应商，是全球软件市场中成长最快的独立软件厂商之一。金蝶的业务是开发及销售企业管理及电子商务应用软件，为企业或政府构筑电子商务或电子政务平台的中间件软件。同时，金蝶向全球范围内的顾客提供与软件产品相关的管理咨询、实施与技术服务。金蝶独特的"快速配置，快速实施，快速应用，快速见效"的个性化产品与服务定位，能够帮助顾客从容面对动态不确定的商业环境带来的挑战，实现业务流程与 IT（Internet Technology，互联网技术）的完美结合，有效管理变革，确保组织快速、持续和健康地成长。

金蝶总部位于深圳，创始于 1993 年 8 月，于 2005 年 7 月 20 日在香港联合交易所主板成功上市。金蝶集团附属公司有专注于中国内地市场的金蝶软件（中国）有限公司、专注于除中国内地以外的亚太地区市场的金蝶国际软件集团（香港）有限公司以及专注于中间件业务的深圳金蝶中间件有限公司等。

金蝶是中国首家获得 ISO9001 国际质量体系认证的企业应用软件供应商，在深圳、上海和北京设有研发中心。金蝶在中国内地拥有 39 家以营销与服务为主的分支机构和 1 000 余家咨询、分销等合作伙伴。金蝶的营销、服务及伙伴网络在中国内地分为华南、华东、华北、华中、东北、西南、西北七大区域，遍及 221 个城市和地区。目前该集团拥有员工 3 200 人，客户遍及亚太地区，包括中国、新加坡、马来西亚、印度尼西亚、泰国等，总客户数量超过 40 万家。

金蝶是中国第一个 Windows 版财务软件及小企业管理软件——金蝶 KIS、第一个纯 Java 中间件软件——金蝶 Apusic 和金蝶 BOS、第一个基于互联网平台的三层结构的 ERP 系统——金蝶 K/3 的缔造者，其中金蝶 KIS 和金蝶 K/3 是中国中小型企业市场中占有率最高的企业管理软件。金蝶的第二代产品——金蝶 EAS 构建于金蝶自主研发的商业操作系统——金蝶 BOS 之上，面向中大型企业，采用最新的 ERP II 管理思想和一体化设计，有超过 50 个应用模块高度集成，涵盖企业内部资源管理、供应链管理、客户关系管理、知识管理、商业智能等，并能实现企业间的商务协作和电子商务的应用集成。

（四）北京通审软件技术有限公司

北京通审软件技术有限公司成立于 1998 年 4 月，是中关村科技园区内的高新技术企业、软件企业，是中国第一家专门从事通用审计软件开发的企业，同时也是国家级涉外企业所得税纳税申报及汇算清缴工作唯一系统集成提供企业。北京通审软件技术有限公司在审计领域和所得税申报方面开发了大量的基于核心技术的产品，积累了丰富的管理经验。

北京通审软件技术有限公司在 1999 年成功研制了中国第一套通用审计软件——通审 2000，开创了审计领域电算化的先河。经过多年的实践，随着国家"金审工程"的推广，北京通审软件技术有限公司的产品发展思路得到重大改进，开发出来的软件已经不再是单一的产品，而是一个信息系统，作为审计信息化的概念被广泛接受，现已有国家审计、社会审计、企业内部审计等一系列的审计业务解决方案。

2000 年，由北京通审软件技术有限公司研制、国家税务总局国际税务司监制的中华人民共和国涉外企业所得税申报系统开始在全国推广。该系统方便了纳税户快速简洁地在软件表格中填写数据，并生成电子申报文件，极大地减轻了税务机关和企业申报、审核的工作量，同时也有利于国家对涉外企业所得税税收的统计和分析。

我国主要的商品化会计与管理软件开放供应商都有很强的研发能力。通过数年来的发展和市场开拓，一批计算机财务与管理软件开发精英不断涌现，他们不仅能不断地跟踪和使用高水平的软件开放工具，并不断地完善和扩展财务与管理软件的功能，还能针对不同的应用背景，提出一系列管理应用解决方案，如 ERP 解决方案、ASP 解决方案、互联网集团公司财务管理解决方案、电子商务解决方案、SCM 解决方案和 CRM 解决方案等。

第四节　会计信息化管理制度

会计信息化与手工会计处理相比，其处理过程和处理手段都发生了重大的变化，对会计工作管理的方法、程序、核算体系产生了巨大的影响。相关单位必须对其会计管理制度进行相应的调整，才能保证系统正常、安全、可靠地运行。会计信息系统的管理制度主要包括会计信息化岗位责任制度、会计信息化操作管理制度、计算机硬件管理制度和会计档案管理制度。

一、会计信息化岗位责任制度

《会计电算化工作规范》指出，实行会计信息化的单位要建立会计信息化岗位责任制度，要明确每个工作岗位的职责范围，切实做到"事事有人管，人人有专责，办事有要求，工作有检查"。会计信息化实施后的工作岗位可分为基本会计岗位和电算化会计岗位。

基本会计岗位包括会计主管、出纳、会计核算、稽查、会计档案管理等，与手工会计核算时的各岗位相对应。根据各单位会计工作的具体需要，基本会计岗位可以一人一岗、一人多岗或一岗多人，但应当符合内部牵制制度的要求。

如出纳人员不得同时负责稽查、某些账目的登记、会计档案的保管工作。基本会计岗位任用的人员必须持有"会计从业资格证书"。

电算化会计岗位是指管理、操作、维护会计信息系统中硬件及软件的工作岗位，一般可划分如下：

（一）电算主管

电算主管负责协调计算机及会计软件系统的运行工作，要求具备会计和计算机知识，以及相关的会计信息化组织管理经验。电算主管可由会计主管兼任，采用中小型计算机和计算机网络会计软件的单位应设立此岗位。

（二）软件操作员

软件操作员负责输入记账凭证和原始凭证等会计数据，输出记账凭证、会计账簿、报表，进行部分会计数据处理工作。软件操作员要具备会计软件操作知识，达到会计信息化初级知识培训的水平。各单位应鼓励基本会计岗位的会计人员兼任软件操作员的工作。

（三）审核记账员

审核记账员负责对输入计算机的会计数据（记账凭证和原始凭证等）进行审核，操作会计软件登记机内账簿，对打印输出的账簿、报表进行确认。审核记账员要具备会计和计算机知识，达到会计信息化初级知识培训的水平。审核记账员可由主管会计兼任。

（四）电算维护员

电算维护员负责保证计算机硬件、软件的正常运行，管理计算机内的会计数据。电算维护员要具备计算机和会计知识，经过会计信息化中级知识培训。采用大型、小型计算机系统和计算机网络会计软件的单位，应设立此岗位。在大中型企业中电算维护员应由专职人员担任。

（五）电算审查员

电算审查员负责监督计算机及会计软件系统的运行，防止利用计算机进行舞弊。电算审查员要具备会计和计算机知识，达到会计信息化中级知识培训的水平。电算审查员可由会计稽查人员兼任，采用大型、小型计算机系统和大型会计软件的单位可设立此岗位。

（六）数据分析员

数据分析员负责对计算机内的会计数据进行分析。数据分析员要具备计算机和会计知识，达到会计信息化中级知识培训的水平。采用大型、小型计算机和计算机网络会计软件的单位，可设立数据分析员岗位。数据分析员可由主管会计兼任。

（七）档案保管员

档案保管员负责保存会计数据的存储介质、输出的各种账表、凭证和各种会计资料，做好数据与资料的安全保密工作。

（八）软件开发员

软件开发员负责本单位会计软件的开发、维护或二次开发工作。基本会计岗位和电算化会计岗位，可在保证会计数据安全的前提下交叉设置，各岗位人员要保持相对稳定。由本单位人员进行会计软件开发的，还可设立软件开发岗位。小型企事业单位在设立电算化会计岗位时，应根据实际需要对上述岗位进行适当合并。

二、会计信息化操作管理制度

实现会计信息化后，为保证系统的正常工作，应建立会计信息化操作管理制度，其主要内容如下：①明确规定上机操作人员对会计软件的操作工作内容和权限，要严格管理操作密码，指定专人定期更换密码，杜绝未经授权的人员操作会计软件；②预防已输入计算机的原始凭证和记账凭证等会计数据未经审核而登记在计算机内账簿中；③操作人员离开机房前，应执行相应命令退出会计软件；④根据本单位实际情况，记录操作人员、操作时间、操作内容、故障情况等内容，由专人保存必要的上机操作记录。

三、计算机硬软件和数据管理制度

会计信息系统的维护包括计算机硬件维护、软件维护和数据维护。为规范系统维护工作，应建立计算机硬软件和数据管理制度，其主要内容如下：①保证机房设备安全和计算机正常运行，要经常对有关设备进行保养，保持机房和设备的整洁，防止意外事故的发生。②确保会计数据和会计软件的安全保密，防止对数据和软件的非法修改，要按规定保存多个用计算机存储介质存放的数据的备份。③对正在使用的会计核算软件的修改、对通用会计软件的升级和对计算机硬件设备的更换等工作，要有一定的审批手续；在软件修改、升级和硬件更换过程中，要保证实际会计数据的安全，要有特定人员进行监督。④健全计算机硬件和软件出现故障时进行排除的管理措施，保证会计数据的完整性。⑤健全必要的防治计算机病毒的措施。

四、电算化会计档案管理制度

电算化会计档案管理是重要的会计基础工作，相关单位应建立电算化会计档案管理制度。电算化会计档案的内容包括存储在计算机硬盘中的会计数据、以其他存储介质存储的会计数据和计算机打印出来的书面形式的会计数据。会计数据是指记账凭证、会计账簿、会计报表（包括报表格式和计算公式）等数据。相关单位要严格按照财政部的有关规定对会计档案进行管理，做好防磁、防火、防潮和防尘工作。重要会计档案应准备双份，存放在不同的地点。采用磁性介质保存的会计档案，要定期进行检查和复制，防止由于磁性介质损坏而使会计档案被破坏。通用会计软件、定点开发会计软件、通用与定点开发相结合的会计软件的全套文档资料以及会计软件程序，应同会计档案一起保管，保管期截止到该软件停止使用或有重大更改的五年之后。

第二章　会计信息系统管理

第一节　会计信息系统的构成

一、会计信息系统的划分方法

按单位的类型划分会计信息系统，可分为工业企业会计信息系统、商业企业会计信息系统和其他类型的会计信息系统等。在每类会计信息系统中，又分为三个层次，即核算型、管理型和决策支持型。在会计信息系统内部，根据业务的需要，又分为若干功能模块。根据目前的发展趋势，会计信息系统的内部模块划分将越来越细，并逐步增加一些分析和管理类的子模块。

按照会计信息系统的服务层次和提供的信息深度，可分为下面几种类型：

（一）核算型会计信息系统

核算型会计信息系统，一般由账务处理、销售及应收、采购及应付、存货核算、工资核算、固定资产核算、报表和领导查询等子系统构成，它注重对经济业务的事后反映。

（二）管理型会计信息系统

管理型会计信息系统注重预算管理，制订计划，在执行过程中进行控制，对执行情况进行检查、对数据进行分析等，扩展了会计信息系统的职能，使其从简单的事后核算转变为事前计划、事中控制、事后核算和分析。

（三）决策型会计信息系统

决策型会计信息系统是在核算型会计信息系统和管理型会计信息系统的基础上，进一步为经营决策者的决策提供帮助，使决策者作出科学的决策。

通常所说的会计信息系统，一般指核算型会计信息系统和管理型会计信息系统，而把决策型会计信息系统归入企业决策支持系统之中。

二、按单位类型划分会计信息系统

（一）工业企业会计信息系统

工业企业的特点是它要对购进的商品（原材料）进行加工，使之成为产成品，然后进行销售。工业企业的特点决定了工业企业的会计信息系统主要对其产、供、销过程进行核算、反映和控制，因此必然需要建立与生产过程有关的会计子系统。尽管不同的生产特点要求不同的核算方法，但其核算的内容却大同小异，所以其子系统划分的方法基本一致。

（二）商业企业会计信息系统

商业企业主要从事商品的采购与销售活动，有关材料、原料方面的核算很少，甚至没有；固定资产管理要求比较简单，成本计算方法单纯、工作量少，但商品采购业务、存货管理和销售业务等方面的工作量较大。

（三）其他类型的会计信息系统

对各种定位的会计信息系统来说，他们之间有一定的差别，但基本模块大致是一致的，不同之处主要体现在管理的要求、模块的复杂度上。一般来说，账务、工资、固定资产和报表等模块基本是可以共用的，差异不是很大，专用性最强的是成本核算模块和其他一些根据管理特点而设计的专用性模块。

三、会计信息系统中各个子系统的功能及关系

会计软件的基本结构是从系统的功能层次结构来反映的，功能结构是指系统按其功能分层分块的结构形式，即模块化的结构。一个系统可以划分为若干个子系统，每个子系统可划分为几个功能模块，每个功能模块再划分为若干个层次，每个层次沿横向分为若干个模块，每个模块都有相对独立的功能。

一个子系统对应一个独立完整的管理职能，在系统中有较强的独立性，一个功能模块完成某一管理业务，是组成子系统的基本单位。一个程序模块实现某一具体加工处理，是组成功能模块的基本要素，各层之间、每模块之间也有一定的联系。通过这种联系，将各层、各模块组成一个有机的整体，可以实现系统目标。

大部分的会计软件按会计核算功能划分为若干个相对独立的子系统，由于系统每一部分的功能简单明了且相对独立，因此各子系统的会计信息相互传递与交流，从而形成完整的会计信息系统。在会计软件中，具备相对独立地完成会计数据输入、处理和输出功能的各个部分，称之为会计软件的子系统。

一个典型的会计软件，主要有账务处理、工资核算、固定资产核算、存货核算、成本核算、销售核算、应收及应付账款、会计报表和财务分析等子系统。根据行业的特点，也将一些模块进行扩展和深入，或简化合并，形成不同定位差异的会计信息系统。

（一）账务处理子系统

账务处理子系统是会计软件的核心系统，它以输入系统的会计原始数据或电子记账凭证为基础，按会计科目、统计指标体系，对其所反映的经济内容进行记录、分类、计算、加工和汇总，输出总分类账、明细分类账、日记账及其他辅助账簿、凭证和报表。账务处理子系统完成手工账务处理的记账、算账、对账、转账和结账工作，生成日记账、总账和除各子系统生成的明细账之外的全部明细账。一些账务处理子系统还具备出纳管理、银行对账和往来账管理的功能。一般来讲，账务处理子系统还具备部门核算、项目核算的功能，以及相应的自定义核算项目功能。

账务处理子系统的主要功能有初始建账，凭证的输入、修改、审核、记账、查询及汇总，日记账、总分类账及明细分类账的生成、查询及打印，期末结账等。出纳管理包括收入管理、支出管理、出纳账处理等。银行对账包括对账单输入和修改、银行对账等。

（二）工资核算子系统

工资核算子系统主要进行工资的修改、计算、发放，以及工资费用的汇总和分摊等，并生成工资结算单、职员工资发放条、工资结算汇总表、工资费用分配汇总表、票面分解一览表和员工福利费计提分配表等，并自动编制工资转账凭证传递给账务处理子系统。部分工资子系统还有人事基本信息、考勤信息和工资历史信息等基本信息的管理，工资代储，个人所得税计算，养老保险及个人收入台账等处理的功能。

工资核算子系统的主要功能有工资初始设置，员工工资基础资料编辑，工资增减变动及工资数据编辑，工资计算汇总，生成工资转账凭证，各种工资单、工资汇总表及发放表查询和打印等功能。

（三）固定资产核算子系统

固定资产核算子系统主要用于固定资产明细核算及管理。该子系统实现固定资产卡片管理、固定资产增减变动核算、折旧的计提与分配等工作，生成固定资产卡片、固定资产统计信息表、固定资产登记簿、固定资产增减变动表和固定资产折旧计提表，并自动编制转账凭证供账务处理子系统使用。

固定资产核算子系统的主要功能有固定资产卡片结构设置、固定资产分类编码设置、固定资产折旧方法定义、固定资产凭证定义、固定资产卡片输入及变动修改、固定资产变动资料输入、固定资产折旧的计算、固定资产明细账查询打印、固定资产计算，以及固定资产增减查询等。

（四）存货核算子系统

存货核算子系统，可分为存货核算、材料存货库房管理、材料核算账务处理和材料采购发票处理功能。

存货核算主要包括原材料和库存商品两类，主要功能有以下方面：

（1）及时准确地反映采购业务的发生、货款的支付及存货的入库情况。在按计划成本计价的情况下，自动计算和分配存货成本差异，生成采购明细账、成本差异明细账、在途材料明细表和暂估材料明细表。

（2）正确反映存货的收发结存数，提供存货的库存动态状况，及时反馈各种积压和短缺存货信息，生成存货明细账、存货库存信息表等。

（3）根据各部门各产品领用材料（存货）情况，自动进行材料费用的分配，生成材料费用分配表，对于供销售的存货，要计算销售成本。

（4）自动编制转账凭证，传递给账务处理子系统和成本核算子系统。

存货核算子系统的主要功能有材料存货库房管理、材料核算及其账务处理、材料采购发票处理及库存商品成本管理等部分。

存货库房管理，包括编码及类型的设置、库房及库位设置、出入库单据类型设置，材料盘点，各种出入库单编辑、复核及记账、查询，材料采购明细账、材料领用明细账、材料收发存明细账等账簿的查询及打印，材料结存计算、结存表查询及打印等功能。

材料核算及其账务处理，包括材料入库的账务处理、应付账款及应交税费的账务处理、材料付款的账务处理和暂估入账的账务处理等功能。

材料采购发票的处理，包括材料采购发票的输入、复核及记账，增值税发票抵扣明细表的生成、查询及打印等功能。

库存商品管理，包括库存商品成本数据的转入、计算及输入，库存商品入库及出库处理等功能。

（五）成本核算子系统

成本核算子系统可以实现各种费用的归集和分配，及时准确地计算出产品的总成本和单位成本，并自动编制转账凭证供账务处理子系统使用。

成本核算子系统的主要功能有产品目录结构设置、输入在产品的初始成本，产品产量等统计数据输入，成本有关子系统费用数据归集，费用汇总分配，成本计算，产品成本汇总表、商品产品成本表及主要产品单位成本表的计算查询打印、成本转账凭证生成等。

（六）销售核算子系统

销售核算子系统一般要与存货子系统中的库存商品核算相联系，实现对销售收入、销售费用、销售税金和销售利润的核算，生成销售明细账、发出商品明细账、应收账款明细账、销售费用明细账、销售成本明细账、销售收入、税金、利润汇总表和销售利润明细表等，并可自动编制凭证供账务处理子系统使用。

销售核算子系统的主要功能有合同管理录入、查询、修改，往来单位编码管理、商品代码管理、人员编码管理、未核销业务初始录入，发票录入、修改及记账，收款单录入、修改及记账，应收账款自动及手动核销，应收账款总账及各种销售明细账、账龄分析表的查询及打印，销售转账凭证定义生成等。

（七）应收及应付账款子系统

应收账款子系统完成各应收账款的登记、冲销工作，动态反映各客户信息及应收账款信息，并可进行账龄分析和坏账估计。应收账款子系统主要有以下基本功能：

（1）发票管理，即将订单信息传递到发票，并按订单查询发票的功能，列出需要审核的发票，打印已经审核的发票，提供发票调整的审计线索，查询历史资料。

（2）客户管理，即提供有关客户的信息，如使用币种、付款条件、付款方式、付款银行、信用状态、联系人和地址等。此外，还有各类交易信息。

（3）付款管理，即提供多种处理方法，如自动处理付款条件、折扣、税额和多币种的转换，能够列出指定客户的付款活动情况。

（4）账龄分析，即建立应收账款客户的付款到期期限及为客户打印结算单的过期信息，并打印对账单。

应付账款子系统完成各应付账款的登记、冲销及应付账款的分析预测工作，及时反映各流动负债的数额及偿还流动负债所需的资金。

应付账款是处理从发票审核、批准、支付到检查和对账的业务，它可以提供什么时候付款，是否付全额，或是否现金折扣提供决策信息。应付账款模块与采购模块、库存模块完全集成。应付账款子系统有以下主要功能：

（1）发票管理，即将发票输入之后，可以验证发票上所列物料的入库情况，核对采购订单物料，计算采购单和发票的差异，查看指定发票的所有采购订单的入库情况，列出指定发票的有关支票付出情况和指定供应商的所有发票及发票调整情况。

（2）供应商管理，即提供物料的供应商信息，如使用币种、付款条件、付款方式、付款银行、信用状态、联系人和地址等。此外，还有各类交易信息。

（3）支票管理，即处理多个付款银行与多种付款方式，能够进行支票验证和重新编号，将开出支票与银行核对，查询指定银行开出的支票，作废支票和打印支票。

（4）账龄分析，即根据指定的过期天数和未来天数计算账龄，也可以按照账龄列出应付款的余额。

（八）会计报表子系统

会计报表子系统是按国家统一会计制度的规定，根据会计资料编制会计报表，向公司管理者和政府部门提供财务报告。会计报表子系统实现各种会计报表的定义和编制，并可进行报表分析和报表汇总。该系统生成的会计报表，包括对外会计报表和会计管理需要的会计报表。

会计报表子系统的主要功能有新表登记、表格格式定义、报表变动单元数据来源及计算公式定义、报表编制及公式校验、报表合并、汇总、查询及报表输出等，有的会计报表子系统还具有进行财务分析的功能。

（九）财务分析子系统

财务分析是在核算的基础上对财务数据进行综合分析的，不同的会计软件的分析内容有所不同，一般功能有预算分析、前后期对比分析和图形分析等。

（十）会计信息系统各子系统之间的关系

1.账务系统与其他子系统间的关系

（1）总体关系。账务系统是会计信息系统的核心，其他系统是账务系统的补充。账务系统的主要作用是管理账簿和按科目分类指标，其他子系统是业务管理模块。

（2）账务处理子系统与工资核算子系统间的数据联系。工资核算子系统的主要任务是计算员工的应发工资和实发工资，计提有关费用，代扣款项，并将工资费用进行分配。工资核算涉及银行存款、应付工资、生产成本、制造费用、管理费用、销售费用和在建工程等科目，核算的结果通常以凭证的形式传递给账务处理子系统。

（3）账务处理子系统与固定资产核算子系统间的数据联系。固定资产核算子系统的主要任务是管理固定资产卡片，反映固定资产增减变动、计提折旧、分配折旧费用等。固定资产核算涉及固定资产、累计折旧、在建工程、固定资产清理、制造费用和管理费用等科目，核算的结果通常以凭证的形式传递给账务处理子系统。

（4）账务处理子系统与存货核算子系统间的数据联系。存货核算的主要任务是反映存货的收、发、结存情况，归集材料成本差异、商品进销差价等，成本计算，结转各种发出商品的成本及差异。存货核算涉及的科目有原材料、物资采购、应付账款、生产成本、制造费用、管理费用、材料成本差异和商品进销差价等，核算结果通常以凭证的形式传递给账务处理子系统。

（5）账务处理子系统与销售及应收核算子系统间的数据联系。销售及应收核算子系统主要是核算销售收入、应交的税金及应收款项。在核算过程中，都要生成记账凭证传递到总账系统。同时，销售及应收核算子系统还与现金银行核算子系统传递数据，现金银行核算模块在收到款项后，会核销相应的对应款项。因此，业务核算模块不但与财务处理子系统相联系，而且彼此之间也存在联系。

（6）账务处理子系统与报表子系统的数据联系。报表子系统编制上报会计报表和内部管理用的报表。对于上报的会计报表中的数据，基本能从账务处理系统各科目的余额、本期发生额、累计发生额和实际发生额等数据项目中获取。内部管理用的报表比较复杂，可以从账务系统中取数，也可以从其他子系统中取数，例如，可以从销售及应收子系统中取数，以编制销售明细表等。

2.存货子系统与其他子系统之间的联系

存货子系统从采购及应付子系统获得存货增加的数量及取得成本，以反映存货数量的增加数和购进存货的成本。存货子系统从销售及应付子系统获得存货发出的数量，以反映存货数量的减少数。存货子系统取得了存货的增加和减少数量，才能得出期末存货的数量；取得了购进存货的成本，才能正确地算出已销售出库存货的成本和期末存货的成本。存货子系统要将售出的商品（或者因其他原因出库的商品）的成本，以凭证的形式将数据传递到账务处理子系统。

3.销售及应收核算子系统与其他子系统之间的联系

销售及应收子系统要将销售商品的数量转给存货子系统，以便存货子系统在期末时正确计算销售成本并进行成本结转。销售及应收核算子系统将应收款项数据传入现金银行子系统，以便在收到款项后对相应的应收款项进行核销。销售及应收子系统要将销售收入及应交税费数据，以凭证形式传送给账务处理子系统进行核算。

第二节　会计信息系统的运行模式

一、会计信息系统在组织上的差别

会计的手工业务是一个比较规范的系统，主要表现在有规范的会计准则、会计制度，并按业务分为账务与报表、工资、固定资产、往来、采购、成本和销售等，分别组织核算。一些规模较大的单位在具体组织业务时，还按资金、成本、综合、销售和财务等业务分工设置部门；一些规模中等的单位，只成立不分下属部门的财务管理部门；而一些小单位，则只有一两个会计人员，只成立会计室；再小的单位，则请兼职会计人员或代理记账公司完成会计核算工作。因此，影响会计信息系统的因素主要有下列几个方面：

（一）规模的大小

规模的大小主要指一个单位的人数、固定资产规模、产值产量、销售业务量和管理的组织模式。在不同的规模下，会计的业务量不同，对会计的要求也不同。在小规模的单位里，主要是手工作坊式的管理，会计业务量不大，只需要完成账务和报表的处理，其他核算非常简单，会计人员也只有几个人，甚至只有一个人。

（二）会计业务的组织形式

随着单位规模的扩大，在业务上需要进行分工，单位规模越大，分工就越细。分工的形式一般是按业务内容分成几个组（室、科、处），在每个组内又按业务内容分工，由若干人完成。

（三）单位内部的组织形式

会计信息化的物理组织模式一般分为两种：一种是集中核算组织模式，在这种组织模式下，各业务核算部门的房间一般都相邻；另一种是分散组织模式，在这种模式下，某些核算科室相距较远（如销售核算部门与销售业务部门在一起等）。

（四）对业务分析的要求

在不同规模的单位里，对业务分析的要求不同。对于小规模单位，由于业务量小，数据不多，并不需要计算机辅助分析和管理，会计信息化的目的主要是用计算机替代手工记账、完成报表的编制工作；对于中等规模的单位，业务分工较细，需要各个核算模块辅助会计核算；对于大规模的核算单位，业务分工很细，数据量大，对会计提供信息的速度和质量都有较高要求，各个业务核算科室、部门之间往往有一定的距离，必须由各核算模块来辅助整个会计核算。

二、实施会计信息系统的几个层次

（一）基本应用层

基本应用层主要是账务和报表的应用。其他核算，如工资、固定资产等业务的处理量很小，非常简单，一般不用单独核算，只设立辅助账进行核算就可以了。

（二）核算应用层

核算应用层主要是账务与报表、工资、固定资产、材料采购核算、往来核算、成本核算和销售核算，主要任务是完成日常会计核算，基本实现会计信息化。

（三）管理应用层

对于一些大中型规模的单位，其经济过程十分复杂，数据量大，光凭人脑难以进行有效分析。在这一层上，主要是对核算后生成的数据进行分析，基本方法是对比、差额、比率和应用一些分析模型，进行资金、成本和利润等的分析与管理。在应用模块上，就需要全面预算、资金管理、资产管理及合并报表等。同时，还需要与企业资源计划一体化，实现生产经营、财务管理的集中管理。

（四）决策支持应用层

决策支持系统是为克服管理信息系统的不足，而发展起来的直接针对决策层的，为中高级领导提供有效的决策支持的信息系统。会计决策支持系统是决策支持系统的一个分支，其模型库中主要存放预测、计划、分析和投资等方面的基本模型。

三、会计信息系统模式

（一）小规模模式会计信息系统

小规模的会计信息系统以账务为核心，主要完成记账、算账和报表等核算工作。对于其他，如固定资产、材料等，只设辅助账核算；而对于工资计算等，一般使用一个通用的表处理软件，进行辅助计算。

在技术上，一般就是由单机或几台机器构成的简单的小型网络系统。

（二）中等规模模式会计信息系统

中等规模的会计信息系统具备会计信息系统各个核算模块，其主要目的是进行核算工作和基本的分析与管理工作。

在技术上，一般是一个较大的局域网络系统，或者还存在部分跨地域的管理系统。

（三）大规模模式会计信息系统

大规模的会计信息系统要求功能复杂，数据量大，在网络系统下，既要求充分实现数据共享，又要求各业务核算岗位能独立处理，有的还有并账和合并报表、全面预算、资金管理等模块方面的要求。

在技术上，一般是基于互联网的跨地域系统，通过数据大集中的方式，实现分布式业务处理与集中管理。

四、会计信息系统的物理组织模式

（一）单机组织模式

单机组织模式是在一台计算机上运行会计信息系统，这种模式的优点是维护简单，投资很少，适用于业务量不大的单位使用。

该模式的缺点比较多，包括以下方面：

（1）每次仅能一人上机处理数据，不方便。

（2）不能同时处理多项业务，实时性差。

（3）对于已生成的会计信息，仅能在一台计算机上利用，信息的共享性差。

（4）一台计算机能处理的会计业务项目、会计业务有限，对于业务量大或需要进行多项会计业务来开展会计信息化的单位不可行。

（二）多用户组织模式

多用户组织模式是以一台高档计算机为主机（也可用大中型计算机），另根据需要连接若干个终端实现数据的集中处理。这种模式的优点是维护简单，可靠性高，投资也较少，能够实现会计数据的实时处理。缺点是运行效率受主机的影响很大，挂接的终端数量有限制，而且只要主机出现问题、无法运行，就会使系统全部瘫痪，这种模式适用于业务处理量不是很大的单位。如果主机采用大中型计算机，就能实现大中型规模应用，但相应的投资和维护费用就会大大提高。

（三）网络组织模式

网络组织模式是以一台高档计算机为服务器，另外根据需要连接若干个工作站。这种模式的缺点是投资相对较高，维护难度相对较大。

网络组织模式的优点，有以下几个方面：

（1）处理的所有数据都存放在服务器内，可以共享。

（2）可多人同时操作对一项业务或多项业务进行处理，实时性好。

（3）可将会计业务之间的联系体现在一套会计软件系统中，充分体现了会计是一个信息系统的特点。

（4）工作站的数量可以达到几百个，甚至是上千个，适应性较强。

（5）可通过互联网或专线，实现局域网之间的连接，实现一个较大的网络数据处理系统。对于大型单位和跨地区的单位，它都是一种比较好的组织模式。

五、集团会计信息系统模式

集团结构的组织是一种垂直模式，通过基层单位、中间单位的会计信息系统和集团会计信息系统来构成。

在集团会计信息系统中，全面预算和资金管理属于业务运行管理和监控的系统，其主要管理内容包含下列方面：

（一）全面预算

企业编制适合企业自身的预算，满足管理者的需求，也可以起到责、权、利均衡的作用，是十分重要的方面。全面预算管理是由一系列预算构成的体系，各项预算之间相互联系，关系比较复杂，很难用一个简单的办法准确描述。

全面预算管理是以企业的经营目标为基础，以销售额为出发点，进而延伸到生产、成本、费用和资金收支的各个方面，最后编制预计财务报表的一种整体预算。其特点是以销定产，使预算的每一个部分、每一项指标围绕着企业经营决策所确定的目标利润来确定。

在具体编制全面预算时，应先编制营业预算和专门决策预算。在营业预算中，应首先编制销售预算；然后，依次编制生产预算、直接材料预算、直接人工预算、制造费用预算、期末存货预算、销售及管理费用预算等，同时编制各项专门决策预算；最后，根据业务预算和专门决策预算，再编制财务预算。各项预算相互牵制、互为因果。

（二）资金管理

作为集团企业，资金的管理极其重要，主要包括以下方面：

（1）加强资金预算和资金分析。对开户单位的资金流动，做到事前预算、事中控制和事后分析。利用先进的计算机信息技术，自动产生资金日报，加强资金分析，辅助领导科学决策。

（2）有效地利用资金沉淀，降低财务费用。通过资金运作，发挥集团资金效益。

（3）优化流程，提高效率。简化业务流程，将结算中心的业务前移，提高结算中心的工作效率。

（4）加强资金监控。对资金的使用情况进行全过程监控，确保资金的安全运行。

第三节　会计信息化后的使用管理

一、会计信息化后使用管理的意义

会计信息化后的使用管理，主要是通过对系统运行的管理，保证系统正常运行，完成预定任务，确保系统内各类资源的安全与完整。虽然会计信息系统的使用管理主要体现为日常管理工作，却是系统正常、安全、有效运行的关键。如果一个单位的操作管理制度不健全或实施不得力，都会给各种舞弊行为以可乘之机；如果操作不正确，就会造成系统内数据的破坏或丢失，影响系统的正常运行，也会造成录入数据的不正确，影响系统的运行效率，直至输出不正确的账表；如果各种数据不能及时备份，则有可能在系统发生故障时，使得会计工作不能正常进行；如果各种差错不能及时记录下来，则有可能使系统错误运行，输出不正确、不真实的会计信息。对于会计信息系统的使用管理，主要包括机房的管理与上机操作的管理。

二、服务器机房的管理

（一）机房管理制度的内容

会计信息化后，服务器是会计数据的中心。对于大中型单位，需要建立专门的服务器机房，以方便管理和提高安全性。设立机房主要有两个目的：一是给计算机设备创造一个良好的运行环境，保护计算机设备，使其稳定地运行；二是防止各种非法人员进入机房，保护机房内的设备、机内的程序与数据的安全。

对于机房的管理，主要包括以下内容：

（1）对有权进入机房人员的资格审查。一般来说，系统管理员可进入机房，系统维护员不能单独留在机房。

（2）机房内的各种环境要求，如机房的卫生要求、防水要求。

（3）机房内各种设备的管理要求。

（4）机房中禁止的活动或行为，如严禁吸烟、喝水等。

（5）设备和材料进出机房的管理要求等。

单位在制定具体的管理制度时，要根据具体的条件、人员素质和设备情况等综合考虑。

（二）机房管理制度举例

（1）凡因工作需要进入机房的人员，都必须遵守机房的各项规章制度，非工作人员严禁入内。

（2）保持机房的环境卫生，定期清洁计算机及其他设备上的灰尘。

（3）严禁在计算机前喝水和吸烟，以免引起短路、火灾或其他损失。

（4）为防止意外事故的发生，机房内应配备灭火设备，并杜绝一切火源，对于机房内的一切电气设备，必须经过电工同意后方可安装，其余人员不得拆迁或安装。

（5）任何人员不得擅自打开机箱和撤换计算机配件、电缆线等，如果发现设备有问题，应立即报告分管领导来解决。

（6）不得私自复制机房的软件和数据；对于外来软件，必须经检查病毒后无毒才能使用；存储介质要经检查无病毒后才能使用，并存放于机房。

（7）严禁在计算机内安装或运行游戏。

（8）未经许可，不准对外服务，以防病毒传入。

（9）机房无人时应加锁，确保服务器的安全。

三、操作管理

（一）操作管理的内容

操作管理是指对计算机及系统操作运行的管理工作，其主要体现在建立与实施各项操作管理制度上。操作管理的任务是建立会计信息系统的运行环境，按规定录入数据，执行各子模块的运行操作，输出各类信息，做好系统内有关数据的备份及故障时的恢复工作，确保计算机系统的安全、有效、正常运行。操作管理制度主要包括下列内容：

1.操作权限

操作权限是指系统的各类操作人员所能运行的操作权限，主要包括以下方面的内容：

（1）业务操作员应严格按照凭证输入数据，不得擅自修改已复核的凭证数据，如发现差错，应在复核前及时修改或向系统管理员反映；对于已输入计算机的数据，在登账前发现差错，可由业务操作人员进行改正；如在登账之后发现差错，必须另做凭证，以红字冲销，录入计算机。

（2）除了软件维护人员之外，其他人员不得直接打开数据库进行操作，不允许随意增删和修改数据、源程序和数据库结构。

（3）软件开发人员不允许进入实际运行的业务系统操作。

（4）对于系统软件、系统开发的文档资料，均由系统管理员负责，并指定专人保管，未经系统管理员许可，其他人员不得擅自复制、修改和借出。

（5）对于存档的数据介质、账表和凭证等各种文档资料，由档案管理员按规定统一复制、核对和保管。

（6）系统维护人员必须按有关的维护规定进行操作。

2.操作规程

操作规程主要指操作运行系统中应注意的事项，它们是保证系统正确、安全运行，防止各种差错的有力措施，其主要包括以下内容：

（1）各操作、使用人员在上机操作前后，应进行上机操作登记，填写姓名、上机时间和下机时间、操作内容，供系统管理员检查核实。

（2）操作人员的操作密码应注意保密，不能泄露。

（3）操作人员必须严格按操作权限操作，不得越权或擅自上机操作。

（4）每次上机完毕，应及时做好所需的各项内容的备份工作，以防发生意外事故而破坏数据。

（5）未经批准，不得使用格式化、删除等命令或功能，更不允许使用系统级工具对系统进行分析或修改系统参数。

（6）不能使用来历不明的存储介质和进行各种非法拷贝工作，以防止计算机病毒的传入。

（二）上机操作制度设计举例

（1）上机人员必须是有权使用会计信息系统的人员，经培训合格并经财务主管正式认可后，才能上机操作。

（2）操作人员上机操作前后，应进行上机操作登记，填写真实姓名、上机时间、退机时间、操作内容，供系统管理员检查核实。

（3）操作人员的操作密码应注意保密，不能泄露，密码要不定期地变更，设置的密码不得少于6位数，要用数字和字母组合而成，密码使用期限最长不超过3个月。

（4）操作人员必须严格按操作权限进行操作，不得越权或擅自进入非指定系统操作。

（5）操作人员应严格按照凭证输入数据，不得擅自修改凭证数据。

（6）每次上机工作完毕后，都要做好数据备份，以防意外事故而破坏数据。

（7）在系统运行过程中，操作人员如要离开工作机器，必须在离开前退出系统，以防止其他人越权操作。

（8）工作期间，不得从事与工作无关的内容。

（三）操作规程设计举例

（1）开机与关机。开机的顺序应为显示器、主机、打印机，逆序则为关机的顺序。

（2）严禁在开机通电时插拔显示器、打印机、网络线、键盘和鼠标等电缆线。

（3）严禁在硬盘、光盘驱动器等存储介质工作指示灯亮时关机或断电。

（4）关机后，至少应间隔一分钟后，才能重新开机。

（5）不准使用外来存储介质和无版权的非法软件，储存介质不得私自带出，防止技术经济信息泄密。如果确实需要使用外来存储介质及相关软件，必须经管理人员同意并检查无病毒后方可使用，如不经检查、私自使用，而使计算机等染上病毒者，按传播病毒严肃处理。

（6）在计算机硬盘中安装的是公共文件，上机人员不能进行删除、更名等操作。上机人员自己的文件和数据必须存入子目录中使用并自己备份，系统管理人员将定期清理计算机硬盘，删除非公共文件和数据。

（7）严禁在计算机上玩游戏和利用聊天工具，做与工作无关的事情。

（8）未经允许，不得通过互联网下载任何软件或文档。

四、用计算机替代手工记账

采用计算机替代手工记账，是指应用会计软件输入会计数据，由计算机对会计数据进行处理，并打印输出会计账簿和报表。计算机替代手工记账是会计信息化的基本目标之一。

采用计算机替代手工记账的单位，应当具备以下基本条件：

（1）配有适用的会计软件，并且计算机与手工进行会计核算双轨运行 3 个月以上，计算机与手工核算的数据相一致，且软件运行安全可靠。

（2）配有专用的或主要用于会计核算工作的计算机或计算机终端。

（3）配有与会计信息化工作需要相适应的专职人员，其中，上机操作人员已具备会计信息化初级以上专业知识和操作技能，取得财政部门核发的有关培训的合格证书。

（4）已建立健全的内部管理制度，包括岗位分工制度、操作管理制度、机房管理制度、会计档案管理制度、会计数据与软件管理制度等。

计算机替代手工记账的过程是会计工作从手工核算向信息化核算的过渡阶段，由于计算机与手工记账并行工作,会计人员的工作强度较大,需要合理安排会计部门的工作,提高工作效率。

在计算机与手工记账并行工作期间,可采用计算机打印输出的记账凭证替代手工填制的记账凭证,根据有关规定进行审核并装订成册,并据以登记手工账簿。如果计算机与手工核算结果不一致,要由专人查明原因,并向本单位领导进行书面报告。一般来说,计算机与手工记账并行的时间在 3 个月左右。

在实施计算机替代手工记账后,应该加强运行中的管理工作,使系统达到会计工作管理的需要。

对于替代手工记账,各地财政部门的具体规定有些差异,在替代手工记账前,需要咨询当地的财政部门,按照相关的要求办理。

第四节　会计信息化后的维护管理

一、会计信息化后维护管理的意义

要使会计信息系统正常、稳定、高效地运行,就要不断维护和优化核算系统;系统在设计中必然存在考虑不周的情况,系统在运行过程中也必然会出现各种问题,也要求对系统进行维护。现有的统计资料表明,在软件系统生命周期各部分的工作量中,软件维护的工作量一般占 50%以上;现有的经验表明,维护工作要贯穿系统的整个生命周期,不断重复出现,直到系统过时和报废为止;现有的经验也表明,随着系统规模的扩大和复杂性的增加,维护费用在整个系统的建立与运行中的比例越来越大。

维护是整个系统生命周期中最重要、最费时的工作。系统维护包括硬件维护与软件维护两部分。软件维护主要包括正确性维护、适应性维护和完善性维护三种。正确性维护是指诊断和改正错误的过程;适应性维护是指当单位的会计工作发生变化时,为了适应而进行的软件修改活动;完善性维护是指为了满足用户增加功能或改进已有功能的需求,而进行的软件修改活动。软件维护还可分为操作性维护与程序维护两种,操作性维护主要是利用软件的各种自定义功能来修改软件的一些参数，以适应会计工作的变化。操作性维护实质上是一种适应性维护，程序维护主要是指需要修改程序的各项维护工作。

二、会计信息化后的维护管理

（一）维护管理的任务和内容

会计信息系统的维护管理工作，主要是通过制定维护管理制度和组织实施来实现的，维护管理制度主要包括下列内容：

1.系统维护的任务

（1）实施对硬件设备的日常检查和维护，以保证系统的正常运行。

（2）在系统发生故障时，排除故障和恢复运行。

（3）在系统扩充时负责安装、调试，直至运行正常。

（4）在系统环境发生变化时，随时做好适应性的维护工作。

2.系统维护的承担人员

在硬件维护工作中，较大的维护工作一般是由销售厂家进行的。使用单位一般只进行一些小的维护工作，会计部门一般不配备专职的硬件维护员，硬件维护员可由软件维护员担任，即通常所说的系统维护员。对于难度大一些的维护工作，可交给信息中心来完成。

对于使用通用化会计软件的单位，程序维护工作是由软件厂商负责的，单位负责操作性维护，一般不配备专职维护员，而由指定的系统维护员兼任。

对于自行开发会计软件的单位，一般应配备专职的系统维护员。系统维护员负责对系统的硬件和软件的维护工作，及时排除故障，确保系统的正常运行；负责日常的各类代码、数据及源程序的改正性维护、适应性维护工作，有时还负责完善性的维护。

3.软件维护的内容

软件维护的内容包括操作维护与程序维护。操作维护主要是一些日常维护工作，程序维护包括正确性维护、完善性维护和适应性维护。

4.硬件维护的内容

（1）定期进行检查，并做好检查记录。

（2）在系统运行过程中，当出现硬件故障时，及时进行故障分析，并做好检查记录。

（3）在设备更新、扩充和修复后，由系统管理员与维护员共同研究决定，并由系统维护人员实施安装和调试。

5.系统维护的操作权限

操作权限主要是指明哪些人能进行维护操作，何种情况下可进行维护，主要包括以下内容：

（1）维护操作一般由系统管理员或指定的专人负责，业务操作员、档案管理员等其他人员不得进行维护操作，系统管理员可进行操作维护，但不能进行程序维护。

（2）不符合维护规定手续的，不允许进行软件的修改操作。

（3）在一般情况下，维护操作不应影响系统的正常运行。

（4）不得进行任何未做登记记录的软件、硬件的维护操作。

6.软件的修改手续

为了防止各种非法修改软件的行为，对软件的修改应有审批手续，修改手续主要包括以下内容：

（1）由系统管理员提出软件修改请求报告。

（2）由有关领导审批请求报告。

（3）以前的源程序清单存档。

（4）手续完备后，实施软件的修改。

（5）软件修改后形成新的文档资料。

（6）发出软件修改后使用变更通知。

（7）进行软件修改后的试运行。

（8）根据运行的情况，做出总结并修改文档资料。

（9）发出软件修改版本后正式运行的通知。

（10）软件和源程序做新的备份，并与定稿的文档资料一起存档。文档主要包括维护的审批人、提请人、维护人的姓名、维护时间、修改原因、修改的内容和修改后的情况。

（二）电算维护人员工作制度设计举例

一般来讲，电算维护人员的工作制度包括以下方面：

（1）按时上下班，遵守作息制度，不得私自带无关人员进入服务器机房。

（2）带头执行各项管理制度。

（3）经常检查计算机，保持计算机、仪器和设备的清洁卫生。负责做好机房的清洁卫生工作，每天一次小扫除，每周一次大扫除，保持室内和周围环境的清洁卫生。

（4）对待业务人员要热情、耐心、礼貌，做好软件使用的服务工作。

（5）做好每天的工作记录，维护好软件、硬件、外设和网络，保证计算机的正常运行。

（6）定期或不定期地检查硬件和软件的运行情况。

（7）负责系统运行中硬件和软件的维护工作。

（8）负责系统的安装和调试工作。

（9）按规定的程序，实施软件的完善性、适应性和正确性的维护。

（10）维护人员除实施数据维护外，不允许随意打开系统数据库进行操作，实施数据维护时不准修改数据结构，其他上机人员一律不准实施数据库操作。

（11）坚持每周清查计算机病毒，保证所有计算机和存储介质无毒。

（12）根据应用软件的需要，安装和维护计算机系统软件。

（13）管理好固定资产和消耗材料，做到数量金额相符。

（14）下班前做好数据的备份工作（每个子系统的业务数据备两份）。

（15）做好计算机硬件的保养和维护工作。

①维护计算机电源的正常工作，计算机电源配有断电保护的稳压电源或 UPS 电源。

②保证计算机电源电压在 220V±40V 范围，才能开机使用。

③安装系统时，连接电缆要接得牢固可靠，拧紧螺丝，避免在通电过程中拉断、拉脱电缆线。

④不随意搬动计算机，需要搬动时，要做好保护，搬动后要检查设备的运行情况。

⑤对于 1 个月以上未使用的计算机，应每月通电一次，以防计算机因长期不使用而受潮损坏。

⑥坚持对计算机及外设的运行、故障、维修等情况进行完整的记录，保证每台计算机都有历史记录。

⑦若机房内出现异常情况（异味、异声、烟雾、燃烧等），要及时处理（如切断电

源等）。

⑧计算机网络服务器必须使用 UPS 电源，关机时，必须使用规定的命令退出网络。

⑨在每天上下班时，检查计算机软件、硬件的完好性，做好相应的记录。

三、软件维护制度设计举例

（一）会计软件的维护与管理

（1）对于使用通用化会计软件的单位，对于程序修正和会计软件参数调整，一般由软件开发公司来实施。

（2）对于程序修正与会计软件参数调整，要办理相关的手续。

（3）对于会计数据的修正与恢复，必须进行严格的控制。

（4）会计软件升级。经会计主管批准，由系统管理员组织、维护人员具体实施，并编写升级报告，形成文档存入档案。

（5）会计软件的管理。会计部门在取得会计软件后，必须做好多套备份，分别存放在档案室、机房和财务人员办公室的专用柜内。存放在档案室的备份软件由档案管理员管理，存放在其他两处的备份软件由系统管理员统一保管。对于运行中的会计软件，必须安装在计算机硬盘上，一般情况下不得重新安装。

（二）软件系统的安全与保护

（1）操作人员运行的会计软件必须是经过编译的程序，数据库文件必须设有密码。

（2）根据软件提供的功能和工作需要，设置操作人员的操作权限和密码，操作人员必须对自己的操作密码严格保密，不得泄露。

四、计算机病毒防治

（一）计算机病毒概述

1.计算机病毒的含义

计算机病毒是一种人为特制的小程序，通过非授权入侵隐藏在可执行程序或数据文件中。当计算机系统运行时，源病毒能把自身精确拷贝或者有修改地拷贝到其他程序体内，具有相当大的破坏性。计算机病毒已经成为计算机犯罪的重要形式之一。

2.计算机病毒的特征

（1）隐蔽性。计算机病毒研制者熟悉计算机系统的内部结构，并有高超的编程技巧，它既可用汇编语言编写，又可用高级语言编写，设计出的程序一般都是不易被察觉的小程序。

（2）潜伏性。计算机病毒具有依附其他媒体而寄生的能力，它可以在几周或几个月内，在系统的备份设备内复制病毒程序而不被发现。

（3）传播性。源病毒可以是一个独立的程序体，它具有很强的再生机制，不断进行病毒体的扩散。计算机病毒的再生机制反映了病毒程序最本质的特性。

（4）激发性。在一定条件下，通过外界刺激，可使计算机病毒程序活跃起来。激发的本质是一种条件控制，如某个特定的日期或时间、特定的用户标志符或文件、用户的安全保密等级或一个文件使用的次数等，均可作为激发的条件。

（5）破坏性。病毒程序一旦加到当前运行的出现体上，就开始搜索可感染的其他程序，从而使病毒很快扩散到整个系统。于是，就破坏存储介质中文件的内容，删除数据，修改文件，抢占存储空间，甚至对存储介质进行格式化等。计算机病毒可以中断一个大型计算机中心的正常工作，或使一个大型计算机网络处于瘫痪状态，从而造成毁灭性的后果。

3.计算机病毒的分类

根据计算机病毒的入侵途径，可将病毒分为以下几种：

（1）源码病毒。这种病毒在源程序被编译之前，插入到用高级语言编写的源程序中。由于用高级语言编写病毒程序难度较大，所以这种病毒较少。

（2）入侵病毒。这种病毒入侵时，实际上是把病毒程序的一部分插入主程序中。当病毒程序入侵到现有程序后，如果不破坏主程序，就难以除掉病毒程序。

（3）操作系统病毒。这是最常见、危害性最大的病毒，它在系统运行过程中，不断捕捉 CPU 的控制权，不断进行病毒的扩散。这种病毒隐藏在被虚假地标明"损坏"的磁盘扇区内，或加载到内存的驻留程序，或设备的驱动程序中，以便隐蔽地对内存储器进行传染和攻击。

（4）外壳病毒。这种病毒把自己隐藏在主程序的周围，一般情况下不对源程序进行修改，它通常感染可执行文件。

（二）计算机病毒的预防

计算机病毒的来源，主要是外来的非法软件和外来存储介质，所以应坚持以防为主的方针，对计算机加强管理，预防计算机病毒的感染。对计算机病毒的预防，主要有以下措施：

（1）加强对计算机的使用管理，非使用者和外来人员不得随意用机，每次使用计算机后作好记录。

（2）对所有的计算机硬盘，应保存其无毒时的分区表和引导扇区信息。

（3）对外来软件（含购买和拷贝的软件），在使用前必须使用防病毒软件查毒。

（4）对不常使用和不用写入数据的软件、存储介质加强保护措施，防止病毒写入。

（三）清除计算机病毒的步骤

（1）使用计算机防病毒软件，清除已知的计算机病毒。

（2）对引导型计算机病毒，用保存的无毒分区表和引导扇区覆盖被病毒感染的分区表和引导扇区。

（3）重新格式化带有病毒的存储介质。

（4）对于硬盘病毒，个别病毒要进行低级格式化处理才能清除。

第五节 会计信息化档案管理

一、会计信息化档案管理的意义

会计信息化的档案，主要包括打印输出的各种账簿、报表、凭证、存储的会计数据和程序的存储介质，系统开发运行中编制的各种文档，以及其他会计资料。会计信息系统的档案管理，在整个会计信息化工作中起着重要的作用。

（一）良好的档案管理是信息化后会计工作连续进行的保障

会计信息系统的档案是会计档案的重要组成部分。会计档案是各项经济活动的历史记录，也是检查各种责任事故的依据。只有会计档案保存良好，才能连续反映单位的经济情况，才能了解单位经营管理过程的各种弊端、差错和不足，才能保证信息的利用，才能保证系统操作的正确性和系统的可维护性。

（二）良好的档案管理是会计信息系统维护的保证

在会计信息化后的档案中，各种开发文档是其中的重要内容。对信息化的会计系统来说，其维护工作有以下特点：

第一，理解别人写的程序通常非常困难，而且软件文档越不全、越不符合要求，理解就越困难。

第二，会计信息系统是一个非常庞大的系统，其中的子系统也是非常复杂的，而且还包含了会计与计算机两方面的专业知识，了解与维护系统非常困难。

因此，如果没有保存完整的系统开发文档，系统的维护将非常困难，甚至不可能。如果出现这样的情况，将很可能带来系统的长期停止运转，严重影响会计工作的连续性。

（三）良好的档案管理是保证系统内数据信息安全完整的关键环节

当系统程序、数据出现故障时，往往需要利用备份的程序与数据进行恢复；当系统处理需要以前年份或计算机内没有的数据时，也需要将备份的数据拷贝到计算机内；对系统的维护，也需要各种开发文档。因此，保存良好的档案，是保证系统内数据信息安全完整的关键环节。

（四）良好的档案管理是会计信息更好地为管理服务的保证

让会计人员从繁杂的事务性工作中解脱出来，充分利用计算机的优势，及时为管理人员提供各种管理决策信息，是会计信息化的最高目标。对计算机来说，如果计算机内没有相应的数据，那么就无法提供分析数据。因此，实现会计信息化的根本目标，必须要有保存完好的会计数据。只有进行良好的档案管理，才可能在出现各种系统故障的情况下，及时恢复被毁坏的数据；只有保存完整的会计数据，才可能利用各个时期的数据，进行对比分析、趋势分析和决策分析等。所以，良好的档案管理是会计信息得以充分利用、更好地为管理服务的保证。

二、会计信息化档案管理的任务

（一）监督、保证按要求生成各种档案

按要求生成各种档案，是档案管理的基本任务。一般来说，各种开发文档应由开发人员编制，会计部门应监督开发人员提供完整、符合要求的文档；各种会计报表与凭证应按国家的要求打印输出；各种会计数据应定期备份，重要的数据应强制备份；计算机源程序应有多个备份。

（二）保证各种档案的安全与保密

会计信息是加强经济管理、处理各方面经济关系的重要依据，绝不允许随意泄漏、破坏和遗失。各种会计信息资料的丢失与破坏，自然会影响到会计信息的安全与保密；各种开发文档及程序的丢失与破坏，都会危及运行的系统，从而危及系统中会计信息的安全与完整。因此，各种档案的安全与保密是与会计信息的安全密切相关的，应加强档案管理，保证各种档案的安全与保密。

（三）保证各种档案得到合理、有效的利用

档案中的会计信息资料，是了解企业经济情况、进行分析决策的依据；各种开发文档，是系统维护的保障；各种会计信息资料及系统程序，是系统出现故障时，恢复系统、保证系统连续运行的保证。

三、会计信息化档案管理的方法

（一）会计信息化档案的生成与管理办法

计算机代替手工记账后，会计档案除指手工编制的凭证、账簿和会计报表外，还包括计算机打印输出的会计凭证、会计账簿和会计报表，存有会计信息的存储介质，会计信息系统开发的全套文档资料或商品化会计软件的使用与维护手册。

1.记账凭证的生成与管理

计算机代替手工记账单位的记账凭证，有两种方式。

（1）由原始凭证直接录入计算机，计算机打印输出。在这种情况下，记账凭证上应有录入员的签名或盖章、稽核人员的签名或盖章、会计主管人员的签名或盖章，有关姓名也可由计算机打印生成。对于收付款记账凭证，还应由出纳人员签名和盖章。打印生成的记账凭证应视同手工填制的记账凭证，按《会计档案管理办法》的有关规定立卷归档保管。

（2）手工事先做好记账凭证，计算机录入记账凭证后进行处理。在这种情况下，保存手工记账凭证与机制凭证皆可，如保存手工记账凭证，其处理与保管办法可按《会计档案管理办法》的有关规定进行；如保存机制记账凭证，其处理与保管办法与由计算机生成记账凭证的处理与保管办法相同。需要强调的是，在计算机记账后发现记账凭证录入错误时，保存手工记账凭证的，需同时保存为进行冲账处理而编制的手工记账凭证；保存机制记账凭证的，需同时保存进行冲账处理的机制记账凭证。

2.会计账簿、报表的生成与管理

已由计算机全部或部分代替手工记账的，其会计账簿、报表以计算机打印的书面形式保存，其保存期限按《会计档案管理办法》的规定办理。但财政部在制定管理办法时，考虑到计算机打印的特殊情况，在会计资料生成方面进行了一些灵活规定，除要求日记账每天打印外，对于一般账簿，可以根据实际情况和工作需要按月或按季、按年打印；对于发生业务少的账簿，可满页打印；对于现金、银行存款账，可采用计算机打印输出的活页账装订。

3.存储介质的管理

存有会计信息的存储介质，在未打印成书面形式输出之前，应妥善保管并留有副本。一般说来，为了便于利用计算机进行查询及在会计信息系统出现故障时进行恢复，这些介质都应视同相应会计资料或档案进行保存，直至会计信息完全过时为止。

4.系统开发的文档资料的管理

系统开发的全套文档资料，视同会计档案保管，保管期截至该系统停止使用或有重大更改之后的 5 年。

（二）会计信息系统档案管理制度

档案管理一般是通过制定与实施档案管理制度来实现的，档案管理制度一般包括以下内容：

第一，存档的手续，主要是指各种审批手续。例如，打印输出的账表必须有会计主管、系统管理员的签章，才能存档保管。

第二，各种安全保证措施。例如，应在备份的刻录光盘上贴写保护标签，存放在安全、洁净、防热、防潮的场所。

第三，档案管理员的职责与权限。

第四，档案的分类管理办法。

第五，档案使用的各种审批手续。例如，调用源程序应由有关人员审批，并应记录下调用人员的姓名、调用内容和归还日期等。

第六，各类文档的保存期限及销毁手续。例如，对于打印输出账簿，应按《会计档案管理办法》的规定保管期限进行保管。

第七，档案的保密规定。例如，对于任何伪造、非法涂改变更、故意毁坏数据文件、账册、存储介质等行为，都将进行相应的处理。

第三章　财务会计信息系统的内部控制与审计

目前，财务会计信息系统在会计工作中的运用越来越广泛，会计电算化不仅显著提高了会计核算效率和准确率，而且突破了制约企业财务管理的瓶颈。但是，财务会计信息化标准和业务规范仍然有很多不完善之处，还存在会计监管工作滞后及审计效率低等问题。本章主要探讨财务会计信息系统在内部控制和内部审计方面的措施，以期为财务会计工作提供一些借鉴和参考。

第一节　财务会计信息系统内部控制概述

内部控制指一个由企业的董事会、管理层和其他人员实施的，旨在为实现经营的有效性和效率、财务报告的可靠性以及符合适用的法律和法规等目标提供合理保证的过程。财务会计信息系统的内部控制包括一般控制和应用控制两方面。

一、内部控制的目标和基本原则

（一）内部控制的目标

1.防范资产损失

对企业主要资产，如货币资金、应收账款、材料物品、固定资产、长期投资等的存取予以授权；为企业资产分别设立各自账户予以记录；通过对账核实，对各种资产的现状及使用变动情况予以监控。

2.确保业务记录的有效性、完整性、正确性

不允许没有真正发生的虚构经济业务登记入账，而要求已授权且已发生的所有经济业务，在合适的时候以适当的金额登记到适当的账户，即被正确地确认、计量。

3.确保会计信息的输出符合相关的处理规则

保证财务会计信息系统按公认会计原则，完整、及时地报告会计信息，如编制资产负债表、损益表、现金流量表等。同时，还要对各种会计档案、会计信息建立必要的使用与防护控制，如配置专人负责会计档案的保管、分发和回收。建立会计档案使用授权、登记制度，以确保信息传播的有效性和会计档案的安全性。

4.为审计提供足够的线索

在设计和开发电算化财务会计信息系统时，必须注意审计的要求，使系统在数据处理时留下新的审计线索，以便审计人员在电算化环境下也能跟踪审计线索，顺利完成审计任务。

（二）内部控制的基本原则

1.合法性原则

内部控制应当符合法律、行政法规的规定和有关政府监管部门的监管要求。

2.全面性原则

内部控制在层次上应当涵盖企业董事会、管理层和全体员工，在对象上应当覆盖企业各项业务和管理活动，在流程上应当渗透到决策、执行、监督、反馈等各个环节，避免内部控制出现空白和漏洞。

3.重要性原则

内部控制应当在兼顾全面的基础上突出重点，针对重要业务与事项、高风险领域与环节采取更为严格的控制措施，确保不存在重大缺陷。

4.有效性原则

内部控制应当能够为内部控制目标的实现提供合理保证。企业全体员工应当自觉维护内部控制的有效执行。内部控制建立和实施过程中存在的问题应当能够得到及时纠正和处理。

5.制衡性原则

企业的机构、岗位设置和权责分配应当科学合理并符合内部控制的基本要求，确保不同部门、岗位之间权责分明，有利于其相互制约、相互监督。履行内部控制监督检查职责的部门应当具有良好的独立性。任何人不得拥有凌驾于内部控制之上的特殊权力。

6.适应性原则

内部控制应当合理体现企业经营规模业务范围、业务特点、风险状况以及所处具体环境等方面的要求，并随着企业外部环境的变化、经营业务的调整、管理要求的提高等不断改进和完善。

7.成本效益原则

内部控制应当在保证内部控制有效性的前提下，合理权衡成本与效益的关系，争取以合理的成本实现更为有效的控制。

二、信息化环境下企业内部控制面临的挑战

信息化提高了企业内部控制的效率，同时也改变了企业内部控制的运行环境、控制范围、控制重点和控制方式。这对于原本就在内部控制制度方面不甚健全的中小企业来说，增加了其内部控制的难度与复杂性，并带来了新挑战。

（一）数据安全性遭遇严峻挑战

在手工会计系统中，原始凭证以纸张作为载体，有签章并留有文字记录，数据一旦被修改就会留下痕迹和线索。企业实施信息化后，企业内部控制的环境发生了变化，内部控制的重点也由对人的控制转变为对人、计算机、网络等信息设备和环境的控制。

（二）身份识别与权限控制难度增加

在手工会计系统中，一项经济业务从发生到形成相对应的会计信息，所经历的每个环节都要求具有相应管理权限的人员签字或盖章，有效地防止了伪造、篡改会计数据等作弊行为。会计实现信息化后，使原来人与人间的联系部分转为人与计算机系统间的联系，身份识别与权限控制难度大大增加。

（三）内部控制的复杂性凸显

在手工会计环境下，通常会设置相互牵制的会计岗位，整个会计工作必须按一定的程序完成，并通过会计业务的相互稽核进行控制。例如，前面出现的错误往往可以经过后续工作的审查与复核得以发现并修正。信息化后，大部分会计处理工作都由计算机自动完成，这种数据处理的集中性使得传统的组织控制功能减弱。

（四）复合型人才普遍缺乏

在传统环境下，会计人员只要懂会计知识，一般就能适应工作。而信息化后，对企业会计人员提出了更高的要求，会计人员不仅要精通会计专业知识，还要熟悉计算机和网络知识。目前，中小企业的会计机构普遍比较简单，而且从整体上看，会计素质不高，计算机知识薄弱，尤其缺乏专业精、懂管理、掌握一定信息技术，具有灵活性、创造性的"复合型"人才，这在一定程度上成为信息化环境下实施内部控制的瓶颈。

第二节 一般控制

一般控制是指对电算化财务会计信息系统的组织、开发、应用环境等方面进行的控制。其目的是建立对财务会计信息系统活动整体控制的框架环境，并对达到内部控制的整体目标提供合理的依赖程序。一般控制主要包括组织和操作控制、硬件和软件控制、系统安全控制等。

一、组织和操作控制

（一）组织控制

企业的组织结构决定企业内部各部门、各岗位、各员工之间的职责关系，因此企业的组织结构是一种内在的控制。在设计企业的组织结构时要充分考虑和实现职责分离的控制目的，合理划分不同岗位或员工的职责，尤其是要分离不宜兼容的岗位职能。一般来说，一项完整的作业要由两个或两个以上的岗位或员工共同完成，以利于相互复核和牵制。

在合理的职责分工下，工作人员将难以舞弊，从而有效地减少差错或舞弊。不同处理方式的财务会计信息系统，其组织控制的形式和内容也不同。对财务会计信息系统而言，其组织控制主要表现为以下几个方面：

1.职能部门与业务部门职责分离

财务会计信息系统职能部门直接负责管理、操作、维护计算机和财务会计软件系统，即只负责数据的记录、处理，而避免参与业务活动。具体包括以下几点：

（1）所有业务活动均应由业务部门完成或授权。

（2）职能部门无权私自改动业务记录和有关文件。

（3）所有业务过程中发生的错误数据均由业务部门负责改正或授权改正。

（4）职能部门只允许改正数据在输入、加工和输出过程中产生的错误。

（5）所有现行系统的改进、新系统的应用及控制措施都应由受益部门发起并经高级管理员授权，未经有关部门批准，业务部门无权擅自修改现有应用程序。

（6）所有资产的保管均不由系统职能部门负责。

《会计电算化工作规范》要求将会计岗位分为基本会计岗位和会计电算化岗位。其中基本会计岗位负责经济业务的确认、计量与报告，会计电算化岗位直接负责管理、操作、维护计算机和会计软件系统。

2.财务会计信息系统部门内部的职责分离

一方面，在系统设计、开发与会计数据处理之间必须明确分工。系统设计开发只负责系统分析、设计、程序编码、调试、维护、数据库的设计与控制、编写用户手册等。数据处理只负责会计业务数据的处理和控制。系统开发与数据处理应由不同的人员承担。另一方面，为减少差错，防止舞弊，在数据准备、数据操作、文档管理等数据处理各环节之间也应进行一定的职责分离。当然，内部控制的方法与措施的有效性有赖于人员的执行，有赖于执行情况及时和真实的反馈。因此组织控制还应对人员进行考核及奖惩，如制定晋升制度、岗位轮换制度，定期休假制度，内部督查、审计制度等。

（二）操作控制

所谓操作控制就是制定和执行标准操作规程，以保证财务会计信息系统运行的规范化、制度化和操作人员的合法化。操作控制的主要内容包括以下几个方面：

1.财务会计信息系统的使用管理

（1）应建立科学合理的机房管理制度，对设备的使用、程序的生效、文件的处置等制定出明确的规定，防止非指定人员进入机房操作财务会计信息系统，以保护设备、程序、数据的安全。

（2）制定数据文件的管理规则，包括数据文件的保留限期、存放地点、保管人员、使用控制等方面的内容。

（3）为提高数据的共享性、兼容性，还应建立软件使用制度，同时制定一些应对突发事故的补救措施。

2.操作管理

制定规范的操作制度和程序，以保证上机操作人员的合法性。明确规定上机操作人员对财务会计软件的操作内容和权限。操作权限控制是指每个岗位的人员只能按照所授予的权限对财务会计信息系统进行作业，不得超越权限接触系统。系统应制订适当的权限标准体系，使系统不被越权操作，从而保证系统的安全。操作权限控制常采用设置口令来实行。每次工作完毕应及时做好所需的数据备份工作。

3.运行记录制度

记录并保存财务会计信息系统操作和会计信息的使用情况，如记录操作人员、操作时间、操作内容、故障情况等。

二、硬件和软件控制

所谓硬件和软件控制是指为及时发现、查验、排除计算机故障，确保财务会计信息系统正常运行而采用的计算机软、硬件控制技术和有关措施。常用的计算机硬件控制技术有冗余校验、奇偶校验、重复校验、回波校验、设备校验、有效性校验等，通常由设备生产厂家负责实施。软件控制包括文件保护、安全保护机制和自我保护等内容。

（一）文件保护

文件保护主要通过设置、核对文件内部标签来防止未经授权的文件使用和修改。文件内部标签是以机器可读的形式存储于磁盘或磁带中，一般占据文件目录的若干字节，以提供文件名称、文件编号、建立日期、所有者、进入口令、识别密码、文件记录数和保留日期等信息。

（二）安全保护机制

安全保护机制主要通过设立各类工作人员的存取权限，自动建立系统使用的人员及操作记录等来防止未经授权的系统使用。例如，某公司的财务管理软件产品就分别在系统级、数据库级、功能级、数据级、数值级等五个级别设置了安全控制机制。

（三）自我保护

自我保护主要包括两个内容：一是系统开发和维护的控制与监督（如程序的编号、维护的授权，只有使用专门指令才能动用和修改现有应用程序等）；二是出错处置程序，当计算机在程序、设备或操作出现错误时，仍能继续正常运行，不死机。

三、系统安全控制

通常财务会计信息系统的安全从保密性、完整性、可用性三个方面予以衡量。保密性是指防止财务会计信息非法泄露；完整性是指防止计算机程序和财务会计信息的非法修改或删除；可用性是指防止计算机资源和财务会计信息的非法独占，当用户需要使用计算机资源时要有资源可用。因此，系统安全控制应涉及计算机和财务会计信息两方面的安全控制。系统的可靠性、信息的安全性以及信息处理的正确性均有赖于强有力的系统安全控制。

（一）计算机的安全控制

1.建立计算机接触控制

应严格控制未经授权人员进入装有财务会计信息系统的计算机所在机房，保证仅有授权人员方可接触到系统的硬件、软件、应用程序及文档资料；严格执行已建立的岗位责任制和操作规程，实施有效的上机授权程序。

2.建立系统环境安全控制

要妥善选择财务会计信息系统的工作场地，配备必需的防护和预警装置或设备，同时还应预设必要的"灾难补救"措施,建立后备系统等。

(二)数据安全控制

数据安全控制的目标是要做到在任何情况下数据都不丢失、不损毁、不泄露、不被非法侵入。通常采用的控制包括接触控制、丢失数据的恢复与重建等,确保一旦发生数据非法修改、删除,可及时将数据还原到原有状态或最近状态。数据的备份是数据恢复与重建的基础,网络环境下利用两个服务器进行双机镜像映射备份是备份的优选。

(三)网络安全控制

网络安全性指标包括数据保密、访问控制、身份识别、不可否认和完整性。具体可采用的安全技术主要包括数据加密技术、访问控制技术、认证技术等。

第三节 应用控制

应用控制是对财务会计信息系统中具体的数据处理活动所进行的控制。其重点在于全部交易均已经过合法授权并被正确记录、分类处理和报告。应用控制常可分为输入控制、处理控制和输出控制。

一、输入控制

输入控制的目的一是确保完整、及时、正确地将经济业务信息转换成机器可读的形式并输入计算机,而不存在数据的遗漏、添加和篡改;二是及时发现与更正进入财务会计信息系统的各种异常数据,或者将其反馈至相关业务部门重新处理。常用的输入控制方法包括:建立科目名称与代码对照文件,以防止会计科目在输入时产生错误;设计科目代码校验,以保证会计科目代码输入的正确性;设立对应关系参照文件,用来判断对应账户是否发生错误;试算平衡控制,对每笔分录和借贷方进行平衡校验,防止输入金额出错；顺序检查法，防止凭证编号重复；二次输入法，将数据先后或同时由两人分别输入，经对比后确定输入是否正确。依据数据输入过程的逻辑性，输入控制应包括数据收集控制、数据分批和转换控制。

（一）数据收集控制

数据收集控制是指对经济业务原始交易数据的人工收集、分类、记录过程的控制。它主要包括建立和执行合理的凭证编制、审核、传递、保管程序；合理设计凭证，明确规定各栏次的内容，并预留空栏供交易授权和责任确认；业务的授权与合理分类等方面的内容。

（二）数据分批和转换控制

数据分批是指将一段时间内的业务数据汇集在一起，集中输入和处理。对于采用分批处理方式的财务会计信息系统而言，可以防止交易处理的遗漏，防止在信息处理过程中未经授权交易资料的插入，防止过账错误。有效的数据分批控制措施是控制总和，即计算并比较某一数据项在不同处理过程或部门产生的总和，若该数据项的各总和之间存在非零差异，则表示存在差错。例如，当某一批数据全部输入完毕后，若财务会计信息系统统计出记录项总数与数据收集组提供的记录项总数不一致，则表示出现输入差错，必须立即更正。控制总和除选用记录项总和外，还常选用总额控制数，即整批交易的数量金额栏的汇总数。控制总和不仅适用于数据输入控制，而且可以应用于数据处理和数据输出控制。数据转换控制是指将计算机不能识别（不能读取）的数据转换为计算机能够识别（能够读取）的数据这一过程的控制。

二、处理控制

财务会计信息系统处理控制的目的在于确保已输入系统的全部数据均得到正确和完整的处理。常用的控制措施包括登账条件检验，防错、纠错控制，修改权限与修改痕迹控制等。处理控制主要涉及数据的有效性检验、数据处理的有效性校验及建立清晰的审计线索等方面的内容。

（一）数据的有效性校验

财务会计信息系统十分复杂，要求对各种类型业务文件进行正确的处理。使财务会计信息系统处理结果正确、完整的前提是所要求处理的数据是正确、完整的，即保证所处理数据对象具有有效性。数据的有效性校验分为数据正确性校验和数据完整性校验。

1.数据正确性校验

数据正确性校验，即要求处理的数据读取自适当的数据库，经适当的应用程序处理后又被存入适当的数据库。常用的方法包括校验文件标签，即人工检查文件外部标签，程序检查文件内部标签；设置校验业务编码，即对不同的业务进行编码，应用程序依据读出的业务编码，将不同的业务转入不同的程序进行相应处理。

2. 数据完整性校验

数据完整性校验，即确保要求处理的数据既没有遗漏，也没有重复，更没有未授权的插入和添加。最常用的方法就是利用顺序校验，即应用程序通过读取每一项业务或记录的主关键字，与前一项业务或记录的主关键字进行比较，以检查文件组织顺序是否正确。顺序校验不论是对数据输入控制还是数据处理控制都是必要的。

（二）数据处理的有效性校验

数据处理过程中产生的错误，一般是由于计算机硬件、系统软件、应用软件出现了问题。虽然现在计算机硬件设备的可靠性相当高，但在系统运行中仍有可能出现故障。设计完好的系统软件、应用软件，也可能因硬件故障或其他外界干扰而失效或被更改。因此，数据处理的有效性，一方面可通过定期检测财务会计信息系统各功能处理的时序关系和应用程序，及时发现并纠正错误来确保；另一方面可通过对数据进行逻辑校验来确保。对于系统各功能处理的时序关系和应用程序的测试，常用重复处理控制的方法，即比较同一业务数据的前后两次处理结果，若两个结果不一致，则说明处理出错。例如，对于"应收账款"模块，可依据往来客户代码，将每批应收账款业务分别进行明细账处理和总账处理，分批处理结束后，若总账发生额与各明细账发生额的合计之间存在非零差异，则说明该模块存在问题。至于对数据的逻辑检验，既可采用前述的合理性检验和配比性检验，也可采用逆向运算、重复运算等方法检测数值计算的正确性。

（三）建立审计线索

处理控制的另一个重要目的在于产生必要的、清晰的审计线索，以便对已处理交易进行追溯和查验。必要的、清晰的审计线索不仅为审计总账或其他会计记录的变动提供证据，而且也为编制财务报表，查找与更正处理错误，发现交易数据的遗漏或未经授权的添加提供方便。审计线索的充分程度直接影响到应用控制的质量。

财务与会计信息系统审计线索的建立一般涉及输入或输出登记、程序的使用登记以及处理过程中所产生业务的登记等方面的内容，具体包括：已处理的经济业务清单；处理中使用过的参数表和数据清单；操作人员单独输入的数据清单；处理中使用过的应用程序名称、次数和时间；某些经济业务所需的选择性处理操作清单；计算机产生业务的详细清单。

三、输出控制

财务会计信息系统不仅要保证输出结果的完整与可靠，而且要保证各种输出信息能安全、及时地分发到适当的使用者手中。只有具有相应权限的人员才能执行输出操作，并要登记操作记录，从而达到限制接触输出信息的目的。打印输出的资料要进行登记，并按会计档案要求保管。

输出控制包括对财务会计信息系统输出结果的复核和对输出结果的限制性分发。输出结果的复核，包含来自信息输出部门和信息使用者两方面的复核。信息输出部门在输出结果分发之前，要对拟分发的输出结果的形式、内容进行复核，如业务处理记录簿与输入业务记录簿有关数字的核对，输入过程中控制总数与输出得到的控制总数的核对，正常业务报告与例外报告中有关数字的对比分析等；信息使用者在使用前，要对会计电算化输出结果复核，如客户在支付到期贷款之前，复核收到的往来客户账单；企业财务主管在每日现金送银行之前，要复核由出纳编制的存款汇总表等。

输出结果的限制性分发是指财务会计信息系统的输出结果只限于分发到授权接收的使用者手中。限制性分发通常是通过建立和执行输出文件的分发与使用登记制度来实现。不论是输入控制、处理控制或输出控制，都还应包括对发现的错误如何加以处理的措施和方法。一般而言，根据不同的情况，如错误发现的时间、错误类型、产生地点、环节等，采用不同的处理措施。例如，对已发现的错误凭证，若错误凭证被发现时已登账，则只能采用红字登记法或补充登记法来更正；若错误凭证被发现时已输入财务会计信息系统但尚未登账，且该错误来自数据转换阶段，即录入错误，则可直接更改；若该错误来自数据的采集阶段，即手工编制记账凭证错误，则操作员不能直接更改，应填制错误清单并通知有关业务部门，待清单中错误更改后送回，再重新输入。

第四节　计算机审计

一、计算机审计的概念

计算机审计是指对财务会计信息系统的审计。将计算机系统作为会计工作的辅助管理工具，不仅给会计工作本身，而且也给审计工作带来了深远的影响，同时也拓展了审计工作的范围。在电子商务环境中，传统的审计线索完全消失。记录和确认交易发生的各种文件，从合同、订单、发货单、发票、数字支票，到收、付款凭证等原始单据，都以电磁信息的形式在网上传递，并保存于电磁存储介质中，极大地冲击了传统审计的方法和模式。

（一）会计组织机构的变化

在财务会计信息系统中，会计的许多功能，特别是会计核算功能由计算机辅助完成。在原有的手工处理系统中的一部分会计组织机构，如工资核算组、成本费用核算组、总分类核算组均有可能不再需要设置。同时，由于计算机的应用，又相应出现了一些新的工作岗位和组织，如系统开发组、系统维护组等。因此，审计工作不仅仍然要围绕原来手工处理系统的例行任务进行，还要对财务会计信息系统新设立的组织机构进行研究与评价。

（二）系统工作平台

系统工作平台是指财务会计信息系统使用的计算机硬件系统和系统软件。必须保证系统平台能满足会计电算化技术与安全方面的要求。由于计算机系统是原手工会计系统没有的部分，因此对财务会计信息系统的审计，审计部门要增加计算机技术方面的成员。

（三）数据存储形式

在手工操作时，会计信息由纸张介质进行记载，如记账凭证、账簿等。在财务会计信息系统中，计算机内的数据都存储在各种光、电、磁介质中，会计人员再也不能以翻开证、账、表的形式使用这些信息，只能借助计算机的辅助设备和程序来存取这些信息。由于存储介质的变化，使得会计系统的审计线索亦发生了变化，一方面使得部分审计线索消失，另一方面则使大部分审计线索改变了其存在的形式。

（四）内部控制

除了原有手工系统下的内部控制制度外，企业会计系统应为每笔业务、每项经济活动提供一个完整的审计轨迹。可将相当一部分内部控制方法交由计算机程序实现，如试算平衡、非法对应科目设定、计算机操作权限设置等。计算机审计要求对财务会计信息系统内部控制机制的有效性进行审计。

（五）计算机系统的安全性

财务会计信息系统的安全隐患主要来自两个方面：一个是会计人员及其他人员的舞弊行为，另一个是外界对计算机网络的恶意攻击。因此，必须采取相应的审计方法来对财务会计信息系统的安全性进行审计。

二、计算机审计的内容

计算机审计的基本目标是审查财务会计信息系统的有效性、经济性、效率性、完整性、准确性、安全性、私用性和合法性。在财务会计信息系统中，由于其组织结构、数据处理形式及数据存储介质都与手工系统有了很大差别，其审计的方式和内容也随之有所改变。此外，审计人员不仅仍可依靠手工围绕财务会计信息系统进行审计，也可利用计算机作为辅助工具对财务会计信息系统进行审计。具体地说，在财务会计信息系统环境下，计算机审计主要有以下内容：

（一）内部控制审计

财务会计信息系统的内部控制是否健全有效，是会计信息正确与否的基本保证。我国针对会计处理工作制定的一系列法律法规，是保证财务会计信息系统正常运行的法律基础。一个企业内部控制的建立和实施，必须实现的目标包括提供可靠数据，保护各项资产及记录的安全，促进经营效率的提高，鼓励遵守既定政策，遵守有关法规。如果企业的现行会计制度、会计处理规程等内部控制既符合公认的会计原理和准则及其他内部控制原则，又能够自始至终地得到贯彻执行，那么一般可以认为企业提供的会计信息是真实的、公允的。若会计电算化系统能够依据《会计电算化工作规范》等法律法规实施操作，也可以认为该会计电算化系统是有效的、可靠的，其提供的信息是真实的、公允的。制度基础审计既是社会经济发展对审计工作提出的要求，也是对财务会计信息系统进行内部控制审计的主要内容。

（二）计算机系统审计

计算机系统包括计算机硬件、系统软件和应用软件。计算机系统审计主要指对计算机硬件和系统软件的审计。对计算机硬件的审计是审查硬件的性能是否达到要求，设备运行是否正常。一般来讲，财务会计信息系统的硬件要求可靠性较高。为了保证系统数据的安全性和完整性，系统可以采用数据存储设备镜像或双机热备份等工作方式。对计算机系统软件的审计，主要内容有计算机操作系统和数据库管理系统。在当前的中小型系统中，可用于局域网系统的操作系统产品不多，这些产品不提供源代码，其安全性也有限。在多用户或网络工作环境中，计算机操作系统必须满足一定的安全级别。在有条件的情况下，计算机操作系统的安全级别要达到 B2 级。

（三）系统开发审计

对于财务会计信息系统，不仅要对系统的工作环境进行审计，也要对财务会计信息系统的开发过程进行审计，也就是要对财务会计信息系统的整个生命周期进行审计。系统开发审计一方面要检查开发活动是否受到适当的控制，以及系统开发的方法与程序是否科学、先进、合理，另一方面还要检查系统开发中产生的文档资料。例如，在系统分析阶段产生的系统分析报告所描述的财务会计信息系统逻辑模型是否正确，在系统设计阶段产生的系统设计文档是否可行、有效，在系统实施过程中采用的开发工具是否先进。

（四）应用程序审计

应用程序是系统功能的最后实现，尤其是在财务会计信息系统中，会计功能，特别是会计核算必须依照一定的步骤、方法和规范展开。因此，应用程序的审计要通过一系列数据测试，对目标系统的符合性进行检验，以保证程序运行逻辑的正确性。

（五）数据文件审计

财务会计信息系统是利用数据文件系统存储会计处理的对象和结果。在会计电算化系统中，会计凭证、会计账簿、会计报表映像；国家制定的法律、财经法规、政策和制度，上级制定的规章制度，上级下达的指示、通知、命令；企业单位制定的经营方针、目标、计划、预算、定额、经济合同，各项经济指标、规章制度等都可以以数据文件或数据仓库的形式存储于光、电、磁等介质上。因此，审计依据和审计证据大部分来自财务会计信息系统和企业信息系统内部，特别是企业单位制定的各项数据指标和账务处理数据。

第四章　财务会计信息系统维护

所谓财务会计信息系统维护，主要是指对财务会计信息系统软件和硬件系统的修正改造工作。通过系统维护，改正系统存在的错误或不足，完善系统的功能，使系统适应新的环境，保证系统正常运行。

第一节　财务会计信息系统维护概述

系统维护是软件生命周期的最后阶段，也是延续时间最长，费用投入最多的阶段。系统维护是指为了保证系统正常工作，适应系统内、外部环境和其他相关因素的变化而采取的有关活动。系统维护的内容主要有系统软件维护、数据维护、代码维护、设备维护等。

一、系统维护的目的

财务会计信息系统维护的目的包括以下几个方面：

（一）维持系统的正常运行

财务会计信息系统正常运行工作包括数据收集、整理、录入，机器运行的操作工作，处理结果的整理和分发，系统的管理和有关硬件维护，机房管理，空调设备管理和用户服务等。

（二）记录系统运行状况

记录系统运行状况是科学管理的基础，包括及时、准确、完整地记录系统的运行状况、处理效率和意外情况的发生及处理等。记录系统运行情况是进行系统评价的基础。

（三）有计划、有组织地对系统做必要修改

系统修改的原因是多方面的，主要包括管理方式、方法及策略的改变，上级的命令、要求，系统运行中出错的情况，用户提出的改进要求，先进技术的出现等。对系统的任何修改都必须非常小心谨慎，有计划、有步骤地执行。

（四）定期或不定期地对系统运行情况进行回顾与评价

定期或不定期地对系统运行情况进行回顾与评价，以确定系统发展和改进的方向，完善系统功能，使其适应新环境，得以正常运行。

二、系统维护的重要性

（一）系统维护工作是一项极其重要的工作

财务会计信息系统是一个比较复杂的系统，当系统内、外部环境发生变化时，系统要能适应各种因素的影响；当用户在使用过程中遇到一些以前没有发生过的问题，或者运行期间不断出现的新要求时，系统要能通过二次开发予以解决。

（二）系统维护工作也是一项经常性的工作

在财务会计信息系统工作中系统维护的工作量所占比重很大，与此相对应的是，系统维护的费用也很高。财务会计信息系统的应用对象总是处于动态的变化之中，无论财务会计信息系统设计得如何周密、完善，在实施和运行期间都必然会产生偏差。因此，财务会计信息系统维护工作伴随着财务会计信息系统的诞生而产生、发展，直至生命期的终结。具体地说，财务会计信息系统需要进行维护的原因主要包括以下几个方面：

第一，会计制度、法规的变更。

第二，企业管理方式、方法的改变。

第三，会计处理过程或程序的变化。

第四，用户需求的不断增加。

第五，计算机软、硬件系统的更新换代。

第六，原系统设计的某些不完善或错误。

三、系统维护的分类

财务会计信息系统的维护包括软件维护、硬件维护和使用维护等。

（一）软件维护

1.依据软件维护目的不同进行分类

（1）纠错性维护。即排除软件在运行中显露出的错误。

（2）适应性维护。即为适应外界环境变化而进行的修改。

（3）完善性维护。即为扩充功能或完善性能而进行的修改，如增加打印新的分析报表功能，改进数据组织或处理方法，缩短某个处理的等待时间等。

2.依据软件维护的对象不同进行分类

（1）应用软件的维护。若处理的业务、数据或信息量等发生变化，则会引起应用软件的变化。应用软件的维护是系统维护最重要的内容。

（2）数据文件的维护。系统的业务处理对数据的需求是不断变化的，数据文件也要适应变化的情况，进行适当的修改，增加新内容或新文件。

（二）硬件维护

硬件维护指对计算机主机及其外部设备的保养，发生故障时的修复和为适应会计电算化软件的运行而进行的硬件调整等。

（三）使用维护

财务会计信息系统的使用维护包括初始化维护、系统环境维护、意外事故维护、计算机病毒的防治等。

第二节 财务会计信息系统的操作权限维护

财务会计信息系统加工、存储的是企业的重要经济数据，对这些数据的任何非法泄露、修改或删除，都可能给企业带来无法估量或无可挽回的损失，因此无论是对会计电算化还是对企业而言，安全保密性都是至关重要的。

财务会计信息系统的安全保密工作，通常包括对操作人员使用系统功能的权限设置，以及对操作目标的权限设置两大部分。

一、操作人员的权限设置

出于系统安全和数据保密的需要，不同工作内容、岗位和职位的财务会计信息系统操作人员的权力范围也不同。例如，凭证录入人员有权输入、修改凭证，但无权审核凭证，无权修改会计核算的方法，无权变更其他操作人员的名称、权限；部门经理有权查询有关账表，却无权更改凭证和账表。操作人员权限的设置方案必须认真设计，要从功能处理权和数据存储权两个角度来设计权限的设置方案，还要将计算机操作系统的安全机制与财务会计信息系统的操作权限结合起来考虑，否则会给系统运行带来隐患。

操作权限设置的作用，一是明确财务会计信息系统操作人员的注册姓名、代码及口令；二是明确特定的注册代码、口令的权限。任何想进入财务会计信息系统的用户，必须输入注册姓名、对应代码及口令，只有在三者的键入完全正确时，用户才能进入财务会计信息系统，否则将被系统拒绝。进入财务会计信息系统后，用户也只能执行授权（权限）范围内的相关功能，如财务会计信息系统中的各种账、表进行的凭证输入、记账、编制会计报表等相应操作。

二、操作目标的权限设置

操作人员的操作目标是系统中的文件，具体对应财务会计信息系统，就是系统记录和表达经济业务数据的各个文件。操作目标的权限设置就是指通过对不同类型的文件或目录设置适当的属性，约束或限制删除、改名、查看、写入及共享等操作，以达到保密、安全的目的。对于某个特定的操作目标，一般可进行以下几种权限设置：管理员权限、只读文件权限、写文件权限、建立新文件权限、删除文件权限、修改文件权限、查找权限和修改文件属性权限等。根据用户代码、口令级别的不同，可将以上权限全部或部分授予用户。

文件的属性有多种，且有些还可对网络用户发生作用。在常用的计算机操作系统中，用于保密安全的有以下属性：

（一）只读属性

如果文件具有这种属性，则只能读取该文件，但不能修改和删除该文件的内容。因此与该属性相对的是读写属性，具有读写属性的文件可以被用户读取、写入、改名及删除。

（二）隐含属性

如果文件具有这种属性，则文件在对文件名列表时不显示出来，因此不知道该文件名字的用户，就不能感知该文件的存在。

（三）系统属性

如果文件具有系统属性，即为系统文件，则不在列表清单中显示出来，这样可防止文件被删除或被拷贝。以上各类权限既可单独使用，也可配合使用，在实际工作中，通常是配合使用。配合使用时需注意的是，文件属性保密性优先于用户等效权限。以只读属性为例，如果文件是只读文件，则不论用户等效权限如何，用户对该文件只能读，不能写、换名和删除。在网络化的财务会计信息系统应用中，以上诸属性尚达不到系统安全的目的，应当使用一些安全级别更高的操作系统。

第三节　财务会计信息系统运行维护

财务会计信息系统运行维护，主要是指为保证系统正常运行而对系统运行环境进行的一系列常规工作或措施，包括外界的物理环境及系统内部环境。

一、系统运行环境维护

财务会计信息系统要想可靠运行，必须要有良好的外界环境。由于人们往往对不良环境可能对计算机系统造成的危害认识不足，当计算机发生物理损坏、程序出错、数据丢失、输出结果异常时，这就需要从计算机运行的外界环境方面找原因。

（一）外界环境的影响因素

计算机所处外界环境主要受到供电电源、温度、静电、尘埃四大因素的影响。

1.供电电源

计算机对供电质量和供电连续性要求很高，它要求连续的、稳定的、无干扰的供电，俗称"清洁"电源，若直接使用普通的工业供电系统给计算机系统供电，则存在以下三个主要问题：

（1）供电线路环境噪声。输电网的电力调节、电力设备的启停、闪电、暴雨等均可产生电噪声干扰和瞬变干扰。据统计，这类干扰占典型不良供电环境影响的90%，而计算机50%的错误是由这类干扰引起的，受到这类干扰的计算机轻则程序出错、数据丢失，重则芯片损坏。

（2）电压波动。电压波动既可以是瞬间波动，也可以是较长时间的过压或欠压供电，如照明灯的忽明忽暗，就是电压波动的表现。无论是瞬间波动或过压、欠压供电，都会对计算机产生冲击电压或浪涌电压，使计算机出错或损坏。

（3）停电。停电既可以是供电停止，也可以是瞬间断电。所谓瞬间断电是指从宏观上看，供电并未停止，只是在某一瞬间，即在几个毫秒内断了电，然后又马上恢复了。对于瞬间断电，人们往往不熟悉，也不易察觉，计算机对此却十分敏感。

无论是突然停止供电还是瞬间断电，都会产生严重的后果，甚至有可能损坏或损伤硬盘。

2.温度

不良的环境温度会严重损害计算机的存储器和逻辑电路，加速电子元件的老化。因此，一般计算机禁止在低于 5℃或高于 35℃的温度下使用或存放。经验表明，温度过高就会大大增加存储器丢失数据和使计算机发生逻辑错误的机会。过低或过高的温度还可能会使硬盘"划盘"，使硬盘遭受损坏。

3.静电

积累在物体上的静电荷，会对计算机造成严重破坏。人们在地毯上行走可产生高于1.2 万伏的静电，在正常温度范围内，即使是在乙烯地板上走动也可产生 4000 伏静电。已得到证实的是，仅仅 40 伏的静电就可使计算机产生错误。静电与湿度有密切的关系，如果室内相对湿度低于 40%，静电的危险性就大大增加；如果湿度高于 60%，又会增加凝聚的危险性，引起电接触不良，甚至腐蚀或引起电子器件短路。

4.尘埃

灰尘不仅是软盘和磁头的大敌，也是其他计算机设备的大敌。

（二）外界环境的改善与维护

为改善、维护财务会计信息系统的外界环境，一般应建设财务专用机房并安装空调，保持室内清洁和适当的湿度，有条件的还应装防静电地板。对于供电电源，必须做到以下几点：

第一，采用专用干线供电，线路上不安装其他大型用电设备。

第二，计算机应接入同一供电线路或电源，并统一接地，以减少电源相位差所产生的噪声。

第三，各台计算机与终端应装上分开关，以减少使用统一开关所产生的浪涌电压。

第四，在电源后面安装具有滤波和隔离功能的电源稳压器，以抑制瞬变干扰、冲击电压、浪涌电压的危害，使电压得到稳定。

第五，在稳压电源后面接入不间断电源，以保证突然断电时有充足时间采取必要的防护措施。

二、系统内部环境维护

所谓系统内部环境是指财务会计信息系统运行的软、硬件环境，如果软、硬件环境不能满足要求或不匹配，系统也不能正常运行。

（一）硬件环境维护

对企业而言，硬件维护的主要工作是在系统运行过程中出现硬件故障时，及时进行故障分析，并做好检查记录，由系统管理员与维护人员共同研究确定设备是否需要更新、扩充、修复，如果需要则应由维护人员安装和调试。系统硬件的一些简单的日常维护工作通常由软件维护人员兼任。以下是企业中较常见的硬件日常维护工作。

1.硬盘、内存的有关维护

会计电算化软件正常安装、运行需要较多的存储空间，即需要足够大的硬盘空间。在将会计电算化软件安装到硬盘上之前，一方面要检查并清除硬盘上的病毒，删除硬盘上不需要的文件、目录（或文件夹），重整硬盘文件；另一方面，在会计电算化软件日常运行时，可以通过删除硬盘上保存的已备份过的以前年份的数据来缓解硬盘空间的不足，也可以通过关闭一些任务的窗口来释放内存空间。在常用的计算机操作系统中，要定期对其注册表进行维护，以提高系统的工作效率。

2.打印机、显示器的有关维护

财务会计信息系统运行中，经常需要对记账凭证、日记账、报表等进行查询和打印。查询结果需要通过显示器和打印机输出。每一种类型的显示器和打印机都有各自的驱动方式。目前，计算机的外部设备大多具备即插即用和热插拔的功能，但对于一些较陈旧的设备，或是比财务会计信息系统所用操作系统版本更新的设备，系统就不能自动地正确识别。因此，会计电算化软件要正常运行，必须选择与之相适配的显示、打印驱动程序。

（二）软件环境维护

财务会计信息系统投入运行后，可能需要对系统的功能进行一些改进，这就是软件维护工作。软件维护与数据维护是系统生命周期的最后一个阶段，工作量最大，时间也最长。对于使用商品化会计核算软件的企业，软件维护主要由财务会计软件公司负责，企业只负责操作与数据维护。财务会计信息系统数据维护的目的是使系统的数据映像能够准确地反映企业资金的历史状态、运行状态与现时状态。对于自行开发会计核算软件的企业，需设置专职系统维护员，负责系统的软、硬件维护工作。软件维护主要包括以下内容。

第一，正确性维护旨在诊断和改正使用过程中发现的程序错误。

第二，适应性维护是配合计算机科学技术的发展和会计准则的变更而进行的修改设置活动，如会计软件的版本升级、会计年度初始化、月初始化工作等。

第三，完善性维护是为满足用户提出的增加新功能或改进现有功能的要求，对软件进行的修改。相当多的企业，受财力、人力所限，最初只在会计核算方面实现了电算化，使用一段时间后，其往往希望将会计电算化范围扩展至会计计划、会计分析、会计决策等方面，这时就必须对原会计电算化软件进行修改和完善。

第四，预防性维护是为给未来的改进奠定更好的基础而修改软件。决定软件可维护性的主要因素是软件的可理解性、可测试性和可修改性，因为在系统维护前只有理解需维护的对象才能对之进行修改；在修改后，只有进行了充分测试，才能确保修改得正确。因此，在系统开发、维护过程中，要保留完整、详细的文档资料。对于商品化的财务会计软件来说，其应用系统的操作功能维护比较困难，一般应由软件生产商来进行。如果对现有系统的维护费用已超出或接近重新开发一个新系统时，就应报废现有系统，重新开发一个新系统。

第四节 计算机系统与网络安全维护

影响计算机系统与网络安全的因素很多，有的来自系统内部，有的来自系统外部，下文主要讨论来自外部的影响因素。来自系统外部的安全隐患，主要有计算机病毒和黑客的攻击。

一、计算机病毒的防治

所谓计算机病毒是指编制或者在计算机程序中插入的破坏计算机功能或者毁坏数据，影响计算机使用，并能自我复制的一组指令或者程序代码。

（一）计算机病毒的特点

1.计算机病毒是一个指令序列

计算机病毒是程序，但不是一个完整的程序，而是寄生在其他可执行的目标程序上的指令序列。

2.计算机病毒具有传染性

计算机病毒能够主动地将其自身的复制品或变种传染到其他对象上，这些对象可以是一个程序，也可以是系统中的某些部位，如财务会计信息系统的引导记录等。

3.计算机病毒具有欺骗性

计算机病毒寄生在其他对象上，当加载被感染的对象时，病毒即侵入系统。计算机病毒是在非授权的情况下利用其欺骗性而被加载的，此即"特洛伊木马"特征。

4.计算机病毒具有危害性

计算机病毒的危害性又称破坏性，包括破坏系统，删除、修改或泄露数据，占用系统资源，干扰系统正常运行等。此外，计算机病毒一般都比较精巧、隐蔽和顽固。计算机病毒侵入财务会计信息系统后一般并不立即发作，而是经过一段时间，满足一定条件后才发生作用，这就为其自我繁殖和破坏争取了时间。

（二）计算机病毒的判别

目前，理论上并不存在一种能自动判别系统是否感染病毒的方法，以下是一些计算机病毒发作时的常见现象：操作系统无法正常启动，数据丢失；能正常运行的软件发生内存不足的错误；通信和打印发生异常；无意中要求对可移动存储器进行读写操作；系统文件的时间、日期、大小发生变化，文件目录发生混乱；系统文件或部分文档丢失或被破坏；部分文档自动加密码；磁盘空间迅速减小，运行速度明显变慢；网络驱动器卷或共享目录无法调用；屏幕出现一些不相干的信息；自动发送电子邮件；使主板基本输入输出系统程序混乱，主板被破坏；出现陌生人发来的电子邮件；网络瘫痪，无法提供正常的服务。

（三）计算机病毒的防治措施

为了加强对计算机病毒的预防和治理，保护计算机信息系统安全，保障计算机的正常应用与发展，根据《中华人民共和国计算机信息系统安全保护条例》的规定，公安部制定了《计算机病毒防治管理办法》。在《计算机病毒防治管理办法》中指出："计算机信息系统的使用单位在计算机病毒防治工作中应当履行下列职责：①建立本单位的计算机病毒防治管理制度；②采取计算机病毒安全技术防治措施；③对本单位计算机信息系统使用人员进行计算机病毒防治教育和培训；④及时检测、清除计算机信息系统中的计算机病毒，并备有检测、清除的记录；⑤使用具有计算机信息系统安全专用产品销售许可证的计算机病毒防治产品；⑥对因计算机病毒引起的计算机信息系统瘫痪、程序和数据严重破坏等重大事故及时向公安机关报告，并保护现场。"《计算机病毒防治管理办法》还指出："任何单位和个人在从计算机信息网络上下载程序、数据或者购置、维修、接入计算机设备时，应当进行计算机病毒检测。任何单位和个人销售、附赠的计算机病毒防治产品，应当具有计算机信息系统安全专用产品销售许可证，并贴有'销售许可'标记。从事计算机设备或者媒体生产、销售、出租、维修行业的单位和个人，应当对计算机设备或者媒体进行计算机病毒检测、清除工作，并备有检测、清除的记录。"

计算机病毒对财务会计信息安全提出了巨大的挑战，特别是近年来，计算机病毒采用的技术越来越高明，并朝着更好地对抗反病毒软件，更好地隐蔽自身的方向发展。计算机病毒采用的技术有对抗特征码技术、对抗覆盖法技术、对抗驻留式软件技术、对抗常规查毒技术和其他技术。为了对抗这些日益发展的病毒，反病毒软件也必须采用新的技术。目前较为实用的有虚拟机技术、指纹识别技术、驱动程序技术、计算机监控技术、数字免疫系统、网络病毒防御技术和立体防毒技术等。

对于计算机病毒的防范，一是要在思想上重视、管理上到位，二是依靠防杀计算机病毒软件。必须通过建立合理的计算机病毒防范体系和制度，及时发现计算机病毒侵入，并采取有效手段阻止计算机病毒的传播和破坏，恢复受影响的计算机系统和数据。从加强系统管理入手，制定出切实可行的管理措施：安装病毒检测软件，对计算机系统做实时监控和例行检查；控制可移动存储器的流动，慎用不知底细的软件；用户的权限和文件的读写属性要加以控制；尽量不要直接在服务器上运行各类应用程序；服务器必须在物理上绝对安全，不能让任何非法用户接触到该服务器；在互联网接入口处安装防火墙式防杀计算机病毒产品；安装数据保护设备，如硬盘保护卡和加密控制器，保证系统软件和重要数据不被未经授权地修改；在外网单独设立一台服务器，安装服务器版的网络防杀计算机病毒软件，并对整个网络进行实时监控；建立严格的规章制度和操作规范，定期检查各防范点的工作状态。对于当前的病毒威胁而言，最好是采用主动病毒防护系统，为网络提供始终处于活动状态、可以实时升级的防病毒软件。当新的病毒出现时，该系统会立即对防病毒软件自动进行升级。

二、计算机网络安全维护

随着计算机互联网的发展，会计软件的运行环境也从单机系统发展到局域网和互联网。但无论是企业单位或政府部门，只要将计算机系统接入互联网，就会感受到来自网络安全方面的威胁，就有可能遭受来自网络另一端的人为的恶意攻击。这些来自外部的攻击有可能使正常运行的系统遭受破坏；有可能窃取企业单位的机密数据；有可能仅仅是某些高手们的恶作剧。据统计，平均每数秒就会有一个网站遭到入侵。

系统防范与非法入侵是一对不断斗争的矛盾双方，目前还没有哪一个系统能够十分有把握地宣称可杜绝入侵，电子商务和大型网站被攻击而引起的安全热潮，把信息安全推向了计算机应用的前沿。为了财务会计信息系统的安全，并且使其能在电子商务活动中支持正常的经济业务和贸易，必须给企业网络系统构筑安全防线。为保证系统安全，需要在网络系统安装适当的防火墙产品。

财务会计信息系统的管理员应该在安全检测、网络安全监控、链路加密、网页恢复等方面进行系统维护工作。具体的工作可以在事故发生的事前、事中和事后三个阶段进行控制。

事前阶段可使用网络安全漏洞扫描技术，对网络进行预防性检查，及时发现问题，可以模拟黑客的进攻，对受检系统进行安全漏洞和隐患检测；事中阶段的目标是尽可能早发现事故苗头，及时中止事态的发展，将事故的损失降低到最低；事后阶段要研究事故的起因，评估损失，追查责任，进行多层次、多方位、多手段的电子数据取证，以追查事故源头。随着互联网的发展和应用的深入，黑客入侵事件变得越来越频繁，仅仅依靠传统的操作系统加固、防火墙隔离等静态安全防御技术已经远远无法满足现有网络安全的需要了。入侵检测系统是近年来发展起来的动态安全防范技术，其通过对计算机网络或系统中的若干关键信息的收集与分析，从中发现是否有违反安全策略的行为和被攻击的迹象。这是一种集检测、记录、报警、响应于一体的动态安全技术，不仅能检测来自外部的入侵行为，同时也可监督内部用户的未授权活动。

第五节　财务会计信息系统的二次开发

根据不断变化着的市场及企业内部管理的需求，企业亟须得到各种各样的、大量的、全方位的信息，特别是有关经济业务的信息，以便对这些信息进行分析，为管理决策服务。财务会计信息系统在其开发时，虽然考虑到使系统尽量满足用户的需求，但针对用户的特殊要求，以及企业内部与外部的条件和环境的变化，往往需要对会计电算化软件进行二次开发。若企业的财务会计软件是通过自行开发或委托开发人员为本单位定制的系统，一般对其进行的二次开发最好由系统的原班开发人员来完成。但是在这种情况下，往往不易区分软件的维护工作与二次开发工作的界限。对于商品化会计核算软件而言，为了方便用户的使用，提高会计核算软件的生命力，商品化会计核算软件在其推出之时，就十分重视最终用户对该产品二次开发的需求，并为此提供了若干二次开发的接口。由于商品化财务会计软件往往只提供可执行的二进制代码，因此对其数据处理部分进行二次开发比较困难。为了使软件的功能满足不断发展和变化着的管理工作的需要，可以采取对软件产品的版本进行升级的方法来达到二次开发的目的。商品化会计核算软件主要提供了数据输入与数据输出两个方面的二次开发接口。

一、数据输入的二次开发

为了严格地执行会计核算制度，商品化会计核算软件的数据输入设计对操作的控制十分严格，其软件产品提供的输入界面与数据（记账凭证）输入的内部程序控制关系一般不允许用户自行修改。在商品化会计核算软件中，为了接收系统外部数据的输入，如接收来自材料核算子系统、固定资产核算子系统、成本核算子系统、工资核算子系统、产品及销售子系统转入的机制凭证，以及数据的远程录入，软件产品中一般是提供一种标准数据结构的缓冲区来存放这些外来数据。对于以上这些从外部输入的数据，首先将其一律预先存储在这个标准数据结构缓冲区中，然后经过该系统原设计的数据输入通道，最后将缓冲区中的数据向账务处理系统导入。商品化会计核算软件就是应用这种标准结构方式，接收会计核算数据的脱机输入、支持记账凭证数据的多点采集、接收财务会计信息系统中各功能核算子系统中产生并传送过来的机制记账凭证。

对于为满足系统的需要，经二次开发形成新功能的子系统或子模块而言，其数据向会计核算账务处理系统的导入，也可利用缓冲区。

二、数据输出的二次开发

财务会计信息系统全面、完整地记录了会计核算数据，而如何用好这些数据，提高信息的利用率，是财务会计信息系统不断追求的目标。商品化会计核算软件为了方便用户，预先提供了一些样表，如资产负债表、损益表、现金流量表，以满足对标准会计报表的编制与输出。出于数据输出二次开发的需要，还要求许多不同格式的输出表格形式，以直接对会计核算系统中的数据进行分析。对于各种不同的数据需求方式，可以通过会计核算软件的自定义报表功能、数据导出功能、系统数据的直接访问等方式来得到财务会计信息系统二次开发所需要的数据。

（一）自定义报表

商品化会计核算软件一般都提供用户自定义报表的功能，其形式类似于电子表格。为了满足进行特殊的数据分析与输出需要，用户可以通过对报表格式、报表项目、取数公式进行定义，自行设计新的报表格式。商品化财务会计软件系统也相应地提供一系列针对会计核算与分析应用的标准函数或子程序，以便于用户在构建取数公式时调用。

（二）数据导出

通常各种计算机应用程序都会提供数据导出功能，此功能一般可以在该软件主菜单"文件"项目中的"另存为"中实现。在商品化会计核算软件中一般也提供数据导出功能。在常用的计算机操作系统环境下运行时，财务会计软件产品一般都采用开放式数据库互联数据协议提供数据导出功能，这样可以方便地将会计系统中的内部数据格式导出，并转换为电子表格、纯文本文件等数据格式。数据导出方式，一方面具有操作简便、有效，输出的各种数据格式符合标准等优点。另一方面也存在以下不足：使用数据导出时，首先要求用户开启商品化会计核算软件并进行交互式操作，人工进行干预；其次，在数据导出时，操作人员指定并键入的数据输出文件名要符合要求，否则会影响后续数据处理软件的正常运行；最后，数据导出方式不利于通过程序控制、自动执行来完成财务会计信息系统二次开发所要求的数据处理功能。

（三）直接数据访问

只要知道系统数据的存储格式，就可以直接对商品化会计核算软件系统中的数据库直接进行访问和提取数据。为了保证会计系统数据的完整性，采用对数据直接访问的手段应严格避免对原系统数据的修改、删除等操作，仅保留数据操作的读取权。

为了使会计人员不仅会使用会计软件，而且会对会计软件进行维护，会综合利用会计核算软件系统的已有数据进行财务分析，会在财务会计软件的基础上进行二次开发。许多商品化会计核算软件产品在会计软件的产品技术手册中，对最终用户公布会计核算软件的数据处理流程、主要功能程序的模块结构、数据存储结构等技术资料，以便于最终用户对财务会计信息系统进行更高水平的应用。

第五章　信息化背景下财务人员能力升级

第一节　信息化背景下CFO的基础能力框架

所有期望成为CFO的财务人员都很关心一个问题：应当积累哪些知识才能成为CFO。实际上，很多人在年轻的时候是没想明白这个问题的。这导致这些人往往会与机会失之交臂，或者勉强上任，但无法达到预期的效果。

下文将通过搭建一个信息时代CFO的基础能力框架来尝试回答这个问题，这个框架将考虑信息时代财务管理职能需求的拓展。

一、战略财务基础能力框架

（一）战略与业务

CFO需要有非常宽阔的知识面，但最重要的并不是专业知识，而是对公司战略和业务的理解以及把控。该能力决定了CFO是否能够真正成为一个经营团队的合格管理者，而不仅仅是一个财务工作者。

核心技能包括：①战略解读；②财务与战略配合；③公司资源及计划的管理参与；④财务资源配置管理；⑤与业务单元的沟通。

（二）财会控制机制

CFO需要在企业内部建立完善的财务、内部控制和内部审计体系，以确保会计风险的可控性。也有一些公司是由首席风险官负责这部分职能的。

核心技能包括：①财务及会计制度管理；②内部控制；③内部审计与稽核。

（三）价值管理

价值管理是 CFO 的高阶技能。CFO 需要从多方面主动管理以提升公司的价值，满足公司股东的投资回报诉求。

核心技能包括：①产权管理；②营运资本管理；③现金流量管理；④经济附加值管理；⑤新业务价值管理；⑥并购价值管理。

（四）经营分析与绩效管理

经营分析与绩效管理是 CFO 在公司经营管理方面的核心价值，优秀的 CFO 是公司持续前进的一个重要的推动器。KPI 的设定、持续的考核跟踪、深度的经营与数字探究，能够给公司的发展注入强大的活力。

核心技能包括：①KPI 体系搭建；②经营分析报告；③绩效考核制度搭建及奖惩执行；④投入产出管理；⑤市场对标管理；⑥重大关键项目管理。

（五）全面预算管理

"凡事预则立，不预则废"，全面预算管理是 CFO 在资源配置方面配合企业战略落地的重要工作。当然，全面预算管理并不仅仅是财务的事情，还是 CFO 承担的牵头职能。

核心技能包括：①经营计划管理；②预算编制管理；③预算执行与控制管理；④预算分析；⑤预算组织管理；⑥预算流程管理；⑦预算系统管理。

二、专业财务基础能力框架

（一）会计与报告管理

对于 CFO 来说，会计与报告管理是必不可少的工作。当然，即使可以请会计专业人士和会计师事务所代劳，CFO 也必须懂会计。

核心技能包括：①会计交易处理以及相关流程管理；②往来管理与关联交易管理；③会计报告及合并管理；④会计信息系统（如核算系统、合并系统等）管理；⑤信息披露；⑥审计流程管理。

（二）税务管理

税务管理是 CFO 的传统工作之一，世界各地的 CFO 都是绕不开税务工作的。而在中国，税务有着自己的特点。CFO 需要将税务管理当成一项既严肃又充满艺术性的工作来对待。

核心技能包括：①税务政策研究；②税务关系管理；③税务检查配合与风险防范；④税务数据管理；⑤税务系统管理；⑥营改增及电子发票/特定时期的特殊事项。

（三）资金管理

资金管理是 CFO 工作中的重要一环，也是对一个称职 CFO 的基本要求。从分类上说，资金管理是专业财务的一个构成领域，具有一定的技术性，如果没有从事过这个领域的工作，要具备这部分专业知识是有一定难度的。

核心技能包括：①资金收付管理；②资金计划管理；③债券融资管理；④混合融资管理；⑤股权融资管理；⑥司库管理；⑦外汇管理；⑧银行关系管理；⑨资金系统管理；⑩流动性管理；⑪投资管理。

（四）合规管理

合规管理对很多监管行业来说非常重要，监管机构有金融行业的银保监会、人民银行等，上市公司的证监会等。CFO 需要很好地把握监管政策，主动、积极应对，以避免因合规问题而造成公司损失。

核心技能包括：①监管政策研究；②监管沟通及检查应对；③监管信息报送；④违规风险管理及违规后危机管理。

（五）管理会计

管理会计是当下各大 CFO 面对的重要课题。国内正在掀起一波管理会计建设的热潮，CFO 必须懂管理会计。

核心技能包括：①维度体系搭建；②收入分成管理；③成本分摊；④多维度盈利分析；⑤作业成本管理；⑥资金转移定价管理；⑦风险成本和资本成本管理；⑧管会数据应用（定价、精准营销等）。

（六）成本管理

成本管理对每个企业来说都是一项十分重要的内容。对于 CFO 来说，节流要靠成本管理。

核心技能包括：①成本战略体系设计；②基于价值链的全成本管理；③费用的前置管控；④成本文化建设；⑤最佳成本实践的形成和推广。

（七）财务风险管理

广义的风险管理领域是首席风险官的管理职责，但在财务领域，CFO 应该对财务相关风险予以高度关注，并实施有效的管理。CFO 力求创造价值，但必须牢记，风险是底线，控制好财务风险是必修课。

核心技能包括：①财务操作风险管理；②财务风险管理文化建设；③风险控制与自我评价工具的财务应用；④关键风险指标体系的财务领域搭建；⑤重大风险事件监控。

三、业务财务基础能力框架

（一）产品财务管理

CFO 需要基于产品财务队伍，加强对以产品规划、产品研发为核心的产品全生命周期财务管理。

核心技能包括：①产品规划及投资财务管理；②产品研发财务管理；③产品周转管理；④产品质量成本管理；⑤产品最佳财务实践管理。

（二）营销财务管理

CFO 需要通过营销财务开展对营销过程的财务管理，如合同商务管理、客户相关财务管理、销售费用管理等工作。

核心技能包括：①商务合同财务管理；②营销费用管理；③客户信用及风险管理；④竞争对手财务及经营信息管理。

（三）供应链财务管理

供应链财务人员主要从事与企业经营中供应链相关环节的业务财务支持工作。CFO需要借助供应链财务实现对采购、生产、配送等相关业务环节的财务管理。

核心技能包括：①采购财务管理；②生产财务管理；③库存控制管理；④配送物流财务管理；⑤分销财务管理。

（四）项目财务管理

CFO需要关注以价值链划分的业务财务之外的另一个业务财务维度，即项目维度。项目财务是从另一个视角与产品、销售、供应链财务进行矩阵式协同的业务财务。

核心技能包括：①研发项目财务管理；②市场推动项目财务管理；③售前/销售项目财务管理；④工程项目财务管理；⑤实施交付项目财务管理；⑥管理支持项目财务管理。

（五）海外财务管理

对于开拓海外市场的企业来说，CFO还需要高度关注海外财务管理工作，特别是对于新进入的国家，海外财务的支持能力显得尤为重要。

核心技能包括：①国家财税政策管理；②海外机构综合财务管理。

（六）业务财务一体化管理

CFO需要始终保持对业务财务一体化的关注度和警惕性，通过加强业务财务一体化管理，实现有效的业务与财务核对管理，提升业务与财务的一致性水平。

核心技能包括：①业务财务一体化的制度及流程管理；②业务财务对账管理；③业务财务一体化系统管理。

四、财务共享服务基础能力框架

（一）财务共享服务中心设立管理

财务共享服务在中国的发展已经超过了二十个年头，如今，大中型企业已普遍将财务共享服务中心作为标配。因此，CFO 需要全面了解财务共享服务的模式，从而有效地开展建设。

核心技能包括：①财务共享服务中心立项；②财务共享服务中心战略规划；③财务共享服务中心建设方案设计；④财务共享服务中心实施；⑤财务共享服务中心业务移管。

（二）财务共享服务中心组织与人员管理

财务共享服务中心是一种基于大规模生产的运营管理模式，对组织和人员管理都有较高的要求，CFO 应当关注财务共享服务中心的组织效率和人员的稳定性、成长性。

核心技能包括：①财务共享服务中心组织职责管理；②财务共享服务中心岗位及架构管理；③财务共享服务中心人员招聘；④财务共享服务中心人员培训及发展；⑤财务共享服务中心人员考核；⑥财务共享服务中心人员保留。

（三）财务共享服务中心流程管理

流程管理是财务共享服务管理的精髓，CFO 应当关注财务共享服务中心端到端的流程体系建设及流程维护、持续优化，以提高流程管理的效率，降低流程管理的成本。

核心技能包括：①财务共享服务中心流程体系定义；②财务共享服务中心标准化流程设计；③财务共享服务中心标准化流程维护和执行监控；④财务共享服务中心流程持续改进。

（四）财务共享服务中心运营管理

财务共享服务中心需要有效地运营以创造价值，CFO 需要对运营管理中的核心职能予以关注。

核心技能包括：①财务共享服务中心绩效管理；②财务共享准入管理；③财务共享服务等级协定及定价管理；④财务共享人员管理；⑤财务共享风险与质量管理；⑥财务共享信息系统管理。

（五）财务共享服务中心外包及众包管理

外包和众包是财务共享服务模式的延伸和补充，CFO 需要关注应如何进行外包、众包与共享服务之间的选择决策。同时，对外包和众包的管理也需要有特定的模式。

核心技能包括：①服务模式战略管理；②外包供应商选择管理；③外包商交付管理；

④众包平台搭建；⑤众包平台用户获取、服务及管理；⑥外包及众包风险管理。

五、财务通用支持基础能力框架

（一）财务组织、人员管理

对于 CFO 来说，建设财务组织、培养财务队伍是责无旁贷的。因此，人力资源管理理论在财务领域的应用也是 CFO 需要掌握的知识领域。一个管理不好组织、团队和人员的 CFO，必然是一个不称职的 CFO。

核心技能包括：①财务的分层治理机制；②财务组织架构及岗位设计；③财务团队及干部管理；④财务人员绩效管理；⑤财务培训及知识管理。

（二）财务信息化及智能化管理

对于现代的 CFO 来说，财务信息化和智能化管理已经是不可或缺的技能。财务的大量工作都是建立在信息系统基础之上的，因此掌握信息系统是十分必要的。而在未来，财务的大量工作还会进一步被系统取代。可以说，不懂信息系统的 CFO 在未来根本无法生存。

核心技能包括：①财务信息化团队建设；②财务产品设计及系统架构；③财务与 IT 之间的沟通管理；④财务大数据技术；⑤财务自动化及智能化技术。

第二节　信息化背景下财务人员的择业模型

信息时代的来临，对整个社会包括财务人员的影响是全面且深远的。在这样的环境下，财务人员的择业观也被影响着。面对未来，财务人员有三种选择——不变、远离或拥抱。选择本身没有对错之分，但财务人员在作出不同选择的时候，都需要给自己找到适应信息时代环境的新择业标准，这将从某种意义上改变财务人员的职业生涯。

在信息时代，财务不断发生改变，财务人员会不可避免地受到一定的冲击，也必须面对认知的升级。无论是高级管理人员、财务经营分析人员、预算管理人员还是会计运营人员，都必须面对这种改变。

这也引发了不少财务人员对未来职业发展的担忧，关于人工智能是否会取代财务人员的讨论也成为被热议的话题。2017年4月底，在全球移动互联网大会上，李开复与霍金展开了隔空对话。霍金认为："对于人工智能的崛起，其好坏我们仍无法确定，现在人类只能竭尽所能，确保其未来发展对人类和环境有利，人类别无选择。"李开复则提出这样的问题："我们要看到，人工智能要取代50%的人的工作，在未来10~15年间，这些人怎么办？还有更重要的，教育怎么办？"可以说，在信息时代，有些问题已不是我们能决定是否面对，而是只能思考如何面对。

目前，在职场中生存的财务人员，已经难以想象终身服务于一家企业。择业，本就是一件不可回避的事情，而信息时代的择业将伴随着更加困难的抉择。

一、信息时代财务人员的三种选择

在信息时代，财务人员面对整个社会变革、新技术的挑战能作出的选择无外乎"拥抱""远离""不变"三种。

"拥抱"是一种迎接挑战的态度。尽管意识到信息时代会带来空前的挑战，但总有一些人愿意成为这场变革中的主导者和生力军。

"远离"是一种避开风险的态度。如果知道自己没有办法成为"拥抱"的那一群人，也意识到信息时代可能会促使现在的工作内容走向消亡，就应当尽早远离现在的岗位，重新规划自己的未来，找到信息时代的避风港。

"不变"是一种以静制动的态度，即在难以作出清晰判断的时候，静观其变，并在坚守中慢慢寻找自身的定位。但需要注意的是，在信息时代社会快速变化的大环境下，静守未必是好的选择，即使选择观望，也应当尽早作出适合自己的关于"拥抱"还是"远离"的判断。

二、影响选择的因素

财务人员终究要在信息时代作出选择，影响选择的因素主要包括以下四个方面。

（一）人工智能对其所处行业及公司的影响

首先，在进行"拥抱"或"远离"的评估时，财务人员需要关注所处的行业以及行业内的公司在信息时代将受到怎样的影响。在信息时代，社会各方面不断发生改变，有些行业和公司会兴起，而有些行业和公司会走向衰退。财务人员的职业发展本就依托于其所在公司的发展。当财务人员谈论信息时代的"拥抱"或"远离"策略时，第一件事就是对自己所在公司的未来作出判断。要想知道什么样的公司能够在信息时代兴起，财务人员可以读一读这方面的畅销书，吴军的《信息时代》、李彦宏的《智能革命》以及李开复的《人工智能》都是不错的选择。

（二）人工智能对其所在环境竞争性的影响

人工智能的出现会改变我们所在环境的竞争格局。对于有些公司来说，信息时代的到来，有可能会让整个公司内部的竞争环境变得非常宽松，员工的焦点都在如何进行有效的合作上，并积极参与市场开拓。在这类公司中，每一个员工都会感受到自身存在的价值。在这种情况下，财务人员可以考虑采用"拥抱"的策略。而另一些公司在信息时代可能面临强大的压力，需要通过压缩成本、强化内部竞争来获得生存空间。在这样的环境中，如果不愿意忍受环境的竞争性，财务人员则不妨选择"远离"的策略。

（三）个人能力与信息时代要求的适合性

信息时代的财务技能需求相比于传统技能需求有较大变化，如注重信息技术能力、建模能力、创新能力的提升等。财务人员如果期望在对智能化技术大力推崇且形成了趋势性文化环境的公司内获得成功，就要对自己的存量能力和增量学习能力进行客观的评估，对自己在未来是否有能力应对更全面的技能要求有清晰的认识。能够做到这一点的财务人员可以选择"拥抱"的策略，不能做到这一点的财务人员可以选择"远离"的策略。

（四）个人对人工智能风险和挑战的喜好

信息时代的财务择业与以往相比会有更多的不确定性。技术的不确定性带来商业模式的不确定性，进而带来企业和行业的不确定性，这意味着存在一定风险。在这样一个充满风险和挑战的时代，财务人员选择"拥抱"还是"远离"，在很大程度上和每个人对风险和挑战的喜好有关系。并不是说喜好风险和挑战就一定是好事情，如同投资决策中的风险厌恶程度，喜好只是喜好，并不存在对错之分。

财务人员在结合上面几个因素进行综合评估后，或许能够对自己在信息时代的"拥抱""远离"作出大致的判断和选择。

三、信息时代，财务人择业的"拥抱"模型和"远离"模型

财务人员在信息时代的"拥抱"或"远离"并没有对错之分，重要的是在决定了"拥抱"或"远离"后，能有一个合适的方法进行下一步的职业选择。因此，笔者要在这里对财务人员择业的"拥抱"模型和"远离"模型进行分析。

（一）关于评估维度

1.平台

对于平台这个维度，我们要评估的是择业对象是大型企业集团，还是中小型公司或创业公司。不同规模的公司创造和应用智能化技术的可能性是不同的，公司规模越大，创造和应用智能化技术的可能性就越大。

2.技术实力

在这个维度下，我们主要看一家公司在大数据、人工智能、云计算等方面是否具有技术能力方面的显著优势。具备技术能力的公司可能有两种：一种是使用这些技术来支持自身的主业发展的大公司；另一种是以这些技术为核心的中小型公司或创业公司。总体来说，技术实力越强，在财务领域应用智能化技术的可能性就越大。

3.行业

这里所说的行业关注的并不是行业在当前是否兴盛，更多的是关注行业是否能够从智能革命的浪潮中获得业务发展的技术红利。一个具备技术红利的行业必将积极主动地应用智能化技术。

4.财务交易规模

这里选择财务交易规模这一维度，而不选择公司业务规模的原因在于：对于财务来说，规模巨大的公司未必就一定有大量的财务交易。对于智能化技术在财务中的应用来说，财务交易规模和财务数据量巨大才是至关重要的。

5.待遇

待遇，在这里主要指付给员工的薪酬。在择业模型中，待遇是必须谈的。这里将待遇划分为高、中、低三个等级，"拥抱"和"远离"模型主要看的是最低容忍度。

6.未来的发展

对于择业者来说，要考虑的是现在的工作能够帮助自己未来进入怎样的公司、平台，如果和自己的职业规划是一致的，那么可以作为择业模型的加分项，否则将成为扣分项。

（二）"拥抱"模型下的选择

对于平台，选择大型企业集团，在财务实践中有更多的机会涉足智能化技术。对于技术实力，选择具有技术优势的公司，能够享受到技术红利，有利于财务人员在使用较低成本的情况下展开智能应用实践，也使财务智能化应用有了更早实现的可能。此外，智能化技术还可以与平台优势形成合力，进一步扩大在财务中的使用范围。

对于行业，选择进入金融、零售、通信运营等高度需要智能化技术的行业，有可能更快地接触到智能化技术的应用计划。同时，这些行业对智能化技术具有更好的认同度，能够营造出良好的创新氛围。

对于财务交易规模，有大规模财务交易的行业是更好的选择。智能实践是建立在先进的数据技术之上的，没有财务的大数据技术，就没有智能化。

对于待遇问题，如果选择"拥抱"智能，则可能作出一些牺牲。较好的情况是能够获得中等待遇，能够获得高待遇当然更好。最重要的是，即使待遇偏低，财务人员也不妨考虑一下综合收益，即虽然在短期内待遇偏低，但有可能在未来的成长中获得快速弥补。在职业发展上，长期利益可能比短期利益重要。

在未来的发展中，"拥抱"智能的发展机会在于进入更大的公司，或者自行创业，积累一笔宝贵的经验和财富。

（三）"远离"模型下的选择

在"远离"模型下，财务人员对以上这些维度又该如何选择呢？ 在平台方面，核心诉求是规避智能化技术造成的职业风险。因此，选择中小型公司有更多的逃离智能风险的机会，这些公司轻易不会使用价格昂贵的智能化技术。从技术实力来看，财务人员需要小心的是以智能化技术为主业的中小型公司或创业公司。这些公司往往不会放过任何拿自己的员工做智能实验的机会，财务人员一不小心就会成为智能实验对象。

对于行业，财务人员要绕开"拥抱"模型下的那些优选公司，如避免进入金融、零售行业。选择传统行业会相对安全一些。就财务交易规模而言，财务人员要选择规模小的公司。这些公司的领导层想的是如何通过人去解决问题，而不是用机器来替代人。在待遇方面，择业的财务人员应当积极寻求中等以上收入的职位，如果职位的收入较低，则应果断放弃。在未来的发展方面，财务人员可以选择小而全的公司，这些公司往往有不错的潜力，有机会迅速成长并成功上市。

第三节　信息化背景下财务人员职业再规划与发展的策略

一、财务基础岗位向高级岗位转型

（一）向管理会计转型

在信息时代，在财务机器人普及和大量财务软件上线运行的情况下，企业的财务岗位将会得到削减和整合，市场上的财务岗位总数将会逐年缩减，社会对财务从业人员的需求也会有所降低，其中受到突出影响的是从事基础核算工作的财务人员。对于这部分财务人员来说，为了不被历史发展潮流所淘汰，就需要及时更新自身的知识结构，提升自身的价值，以求适应信息时代的财务管理需求。结合当前财务人员的基本情况和企业发展的现实需要，财务人员最理想的转型之路就是由财务会计尽快转型为管理会计。信息化背景下，企业对管理会计的需求量会与日俱增。众所周知，管理会计需要具备洞察未来和指引决策的能力、管理风险的能力、建立道德环境的能力，还需要具备管理信息系统和与他人合作达成组织目标的能力。管理会计要重视数据分析，明确管理数据与财务数据的区别。管理数据不同于财务数据，它是企业基础核算数据整合之后形成的，对企业战略发展具有指导意义的信息，包含企业基础信息、财务数据、业务数据、业务信息等相关内容。企业对传统会计数据进行分类，更接近于企业的业务活动和管理要求，也能反映企业管理中所有环节的投入与产出关系。对于业务部门来说，这样的会计核算大大增强了成本控制的责任感。

（二）向国际会计转型

在信息化背景下，大中型企业和跨国企业的业务范围和投资领域将会再次扩展，更多的企业将会走出国门与其他国家和地区的市场主体开展广泛而深入的合作。因此，财务人员要具备广阔的国际视野，不仅要了解投资目的地的风土人情和政策法规，还要了解和掌握投资目的地的财政税收情况和会计核算、利润分配、投资收益分配、税收返还、优惠政策等多个方面的专业知识，从财务管理和成本控制的角度为企业发展提供必要的技术和财务支持。从全球化发展的角度分析，财务行业的发展越来越国际化，需要财务人员具备一定的国际管理能力，如具备商务英语理解沟通能力、职业判断与决策能力、风险控制能力及管理能力。英文水平比较高的财务人员可以参加一些与国际税法相关的培训课程，对国际税法进行系统的学习。具备专业的财务知识和技能、拥有较高的英语运用能力、精通国内和国际税法的财务人员将是顺应未来发展趋势的财务人才。

二、财务人员自觉提高职业胜任能力

（一）加强人际沟通

要在工作上取得成就，实现自己的职业规划，仅仅有硬实力还不够，还需要足够的软实力，即良好的人际沟通交流能力。企业内部的良好沟通可以提高工作效率；营造良好的工作氛围，使员工友好相处；使员工明白目标差异，从而调整各自的行为，进行有效的合作。财务人员通过与上级和同事的交流沟通，可以进一步了解自身的不足，并不断完善自我。

（二）充分利用职业再培训提高自身能力

财务人员要利用业余时间参加财务专业培训，考取财务职称证书，抓住每个学习和培训的机会，努力增加自己的职业知识积累，提高职业技能。随着财务行业政策、制度、技术、方法的不断更新，财务人员在履行基础岗位职责的前提下，必须不断学习，通过多种渠道，丰富自己的知识，提高各项工作技能，使自己的知识和能力能够应对不断变化的环境，进行动态的职业规划，合理利用财务资源和创新管理机制。

（三）做到业务财务一体化，培养全局观念和战略规划能力

财务人员既要了解财务专业知识，也要熟悉企业的经营业务，了解所在企业的行业类型及特点，对企业进行业务流程再造和资源整合。财务人员还要提高自己的控制能力和职业判断能力，对未来的业务作出合理的分析和判断。身处企业相对独立的部门，财务人员必须站在全局的角度，客观公正地看待所有的经营问题，不仅要关注财务报告数据，还应结合宏观经济和行业形势，从更广阔的视野和更长远的角度来分析决策，使资源配置更加合理。此外，财务人员还应培养战略规划能力，财务工作应该围绕企业目标，服务于企业的战略。

（四）培养独立分析的能力和风险管理意识，完成企业流程优化

财务人员要充分利用财务专业知识对企业进行风险控制，通过分析财务数据，洞察企业可能存在的经营风险和财务风险。财务人员需要从业务的角度来探讨项目的可行性，并通过对项目的可行性进行事前评估，分析企业的业务发展趋势和相应的资源配置问题。在一些发展到一定规模和水平的企业中，业务非常复杂，审批流程非常烦琐。为了使企业中的审批流程更加顺畅便捷，管理需求与财务控制之间需要达到一个平衡。因为如果设定一个烦琐的审批流程，审批工作的效率就会降低，但是如果审批过程过于简单，风险监控就可能出现漏洞。这就要求财务人员自觉熟悉整个过程和状态，对各系统的关联性进行设计和优化，对风险进行预先评估和漏洞管理，实施有效的控制措施，提高审批系统的效率，优化企业流程。

三、财务人员主动拓展职业发展类型

（一）向投融资岗位转型

企业在发展过程中，往往涉及投融资相关业务，而财务人员是企业的核心人员，熟

悉企业经营情况，对投融资拥有一定的建议权。财务人员可以从企业会计准则、证券金融、财务管理、内部控制、经济热点等方面入手，努力增强对宏观经济学、金融学、市场营销学等相关领域知识的研究，增强自己对投融资工作的理解，通过不懈的努力，使自己的投融资能力不断提高，由原来的会计专业人才向企业投融资管理型人才转变。

（二）向企业主转型

财务人员可以充分利用各种资源和平台学习与创业相关的知识，有意识地参加一些与目标行业相关的培训课程，了解目标行业的信息，不断为自己创业打下基础。财务人员还要培养自己良好的心理素质，培养自己独立思考和独立行动的好习惯，并充分认识自己的知识结构，制定适合自己的发展计划和目标，为实现目标而不断努力。

（三）向职业经理人转型

财务人员在熟悉企业工作的前提下，可以利用业余时间参加工商管理培训课程，充分学习管理学相关课程的内容并掌握与职位相关的工作技巧。财务人员还可以学习心理学，拓宽知识；学会分析企业和整个行业的发展趋势，随时关注国家的宏观经济政策；不断提高英语水平，使自己的知识不断更新，在工作和学习中快速成长。

（四）将财务专业知识与人工智能技术相结合，向人工智能的线下管理者转型

在知识更新换代不断加快的时代，财务工作也处于不断变化的状态，因此财务人员不仅要掌握基本的理论知识，还需要通过多渠道学习新科技知识和技能，迎接人工智能带来的新挑战，学习和掌握人工智能相关技术，将财务专业知识与人工智能技术相结合，辅助人工智能系统开发和升级，更高效地履行财务人员的工作职能。

（五）尝试跨领域发展转型

财务人员要突破财务专业的局限，接受跨专业的转型和学习，拓展职业发展空间。财务人员可以根据自己的兴趣爱好和工作经历选择从事销售、技术、人力资源等工作，通过不同专业之间的交流学习，增强对自己职业生涯发展方向的认知。

四、财务人员应加快打造自身软实力

（一）加快成长为复合型人才

信息化背景下，企业财务人员面临的失业风险将会大大增加，工作流程的简化和工作强度的逐步降低使财务人员不得不主动参与企业经济事项决策，并为决策人员提供专业性的财务意见和建议。在税收筹划、投资方案拟定、内部控制、风险指引和防控措施制定、收入预测、投融资决策等方面依靠自身的专业知识，切实提升资本运作和资金管理水平，以专业财务人员的视角参与企业经济事项决策，加快成长为复合型人才就成了当前财务人员的现实所需，也是信息时代企业发展的必然选择。财务人员不但要掌握更多的财经理论知识，而且要能够在实际操作过程中将理论与实践相结合，用理论指导实践，依靠分析提炼的财务数据，分析和总结企业应当采取的财务管理措施、战略性业务拓展措施和会计核算政策。

（二）掌握必要的大数据管理和集权化财务管理知识

信息化背景下，市场竞争将会更加激烈，企业对所聘用的财务人员的要求将会一再提高，在会计核算尤其是账务处理全程自动化的基础上，财务分析与决策的精准化和智能化是企业发展的必然需求，这些都需要充分依托大数据分析。因此，财务人员需要掌握必要的大数据管理的相关知识，能够在庞杂的基础数据中提炼出企业发展所需的财务数据，进而制定出适合企业发展的财务政策。在信息时代，传统的会计岗位将会大大缩减，企业财务人员将会更加集权，实现信息共享和财务处理规范化、标准化、便捷化。财务人员除了需要学好财务相关知识，还需要不断拓宽自己的视野，努力提升自己综合运用知识的能力，重视人际关系的培养，发挥工作主动性和积极性，充分利用各种机会锻炼自己，积累丰富工作经验，为以后的职业生涯发展打下坚实的基础。在信息时代，只有通过对数据进行分析，了解数据背后的信息，才能将其转化为对企业有用的经营决策。财务人员要将互联网和财务工作相结合，用财务专业思维分析和思考问题，主动分析经济形势，积极顺应社会发展形势，转变自身职能，提高自己的核心竞争力，不断提升自身素质。

除了上述措施，企业也需要参与财务人员的职业生涯规划，不断完善人力资源管理相关制度，与财务人员建立良好的沟通渠道；加强对财务人员的职业指导和辅导，提高财务人员的工作效率；建立职业生涯管理体系、职业生涯管理保障体系，并对职业生涯管理体系实施过程进行管理；把财务人员个人的职业生涯规划作为企业战略发展的一个重要组成部分，协调个人职业目标和组织发展目标，使其共同发展，以形成更有凝聚力的企业合作伙伴关系，更有效地调动财务人员的工作积极性；从以人为本的角度出发，关注财务人员职业发展诉求，拓展其职业发展空间，满足其不同阶段的需求，使财务人员的岗位能力和价值得到更好的发挥；指导财务人员全面系统地掌握专业管理知识，并积极扩大和培训运行管理、风险控制等相关业务，从理论知识、管理要点、协调实践等多个维度出发，提高财务人员对企业风险和经营业务的全面理解能力。

第六章　信息化背景下财务会计数据分析

近年来，随着我国社会主义市场经济的不断发展和经济管理体系的不断完善，企业数量不断增多，市场规模逐渐扩大，财务会计作为企业的重要核算中心，其工作质量和工作效率在一定程度上对企业的发展具有直接影响。在当前激烈的市场竞争环境下，为保证企业的长期稳定发展，财务会计工作者需要从海量的数据信息中提取那些企业所需的准确可靠的会计信息，因此，提高财务会计数据分析能力，保证数据结果的准确性和科学性，对企业的发展至关重要。

第一节　财务会计数据处理与分析

一、财务会计数据与会计信息

数据是指从不同的来源和渠道取得的原始资料。一般来说，数据还不能作为人们判断并得出结论的可靠依据。数据包括数字数据与非数字数据。在会计工作中，从不同的来源、渠道取得的各种原始会计资料称为财务会计数据，比如某日仓库的进货量和金额，某日某零件的生产量等。财务会计数据通常反映各种内容，体现在对外会计报表中。

会计信息与财务会计数据是两个紧密联系而又有区别的概念。会计信息是通过对财务会计数据的处理而产生的，财务会计数据只有按照一定的要求或需要进行加工处理，生成会计信息后才能满足管理者的需要，为管理者所用。有的财务会计数据对一些管理者来说是会计信息，对另一些管理者来说则需对其进一步加工处理，才能使之成为会计信息。例如，某车间某月某部件的成本资料，对车间的管理员来说是会计信息，但对企业领导来说，仅是财务会计数据。

二、财务会计数据处理

（一）数据的处理

数据处理是对数据进行各种计算、逻辑分析、归纳汇总，使之转化为有用的信息的过程。数据处理方法因所处理的对象与所要达到的目标不同而千差万别。数据的处理方法一般有变换、排序、核对、合并、更新、抽出、分解、生成八种。这八种操作是数据处理中最基本的加工操作。现代数据处理系统已经引入了各种技术手段，如采用预测技术、模拟技术等对数据进行更高水平的加工。

（二）财务会计数据的处理

财务会计数据处理是指对财务会计数据进行加工，生成管理所需的会计信息的过程，一般要经过采集、录入、传输、加工、存储、输出等环节。财务会计数据处理不仅包括为提供对外报表所进行的一系列记账、算账、报账等工作，还包括在此基础上为提供控制、预测、决策所需会计资料所进行的进一步的处理工作。财务会计数据处理是会计工作的重要内容之一，是进行其他会计工作和管理工作的基础。财务会计数据处理有手工处理、半手工处理、机械化处理、电子计算机处理四种方式。

（三）财务会计数据处理的特点

财务会计数据处理具有如下特点：

第一，数据来源广泛，连续性强，数据量大，存储周期长，类型较为复杂，输入时要进行严格的审核。

第二，要求所处理的财务会计数据准确性高。

第三，信息输出频繁且信息量大，输出形式多种多样。

第四，环节较多，处理步骤定期重复进行，处理过程必须符合会计制度和法律、法规要求，并方便审计。

第五，各种证、账、表，要作为会计档案长期保存，以方便查找。

第六，财务会计数据处理的安全性、保密性要求高。

第七，处理的结果不仅要满足企业对外报表的需要，还应当满足其他信息需求者的要求。

三、财务会计数据分析

财务会计工作的目的之一是提供决策用的财务会计信息。而财务会计数据分析的主要目标有三个方面，即分析公司的获利能力，分析公司的财务状况和偿债能力，分析公司的筹资能力和投资的合理性。

（一）财务会计数据分析的含义和原则

财务会计数据分析，亦称财务报表分析，是运用财务报表的有关数据对企业过去的财务情况、经营成果及未来前景的一种评价。财务会计数据分析的主要内容是会计报表分析、财务比率分析和预算分析。

不论是静态的资产负债表，还是动态的利润表和现金流量表，它们所提供的有关财务状况和经营成果的信息都是历史性的描述。尽管过去的信息是进行决策的主要依据之一，但过去未必能代表现在和将来。因此，财务报表上所列示的各类项目的金额，如果孤立起来看是没有多大意义的，其必须与其他金额相关联或相比较才能成为有意义的信息，供决策者使用。而这些正是财务数据分析所要解决的问题。

进行众多信息资料的收集、整理、加工，形成有用的分析结论，在手工会计条件下是难以全面展开的，而财务分析软件解决了这一问题。财务分析软件一般都设置了绝对数额分析、定基分析、对比分析、环比分析、结构分析和趋势分析等功能，提供了经营者、债权人、投资者等多角度的分段报表选择和数据资源的共享功能，以及计划情况分析。利用财务分析软件能轻松地完成对财务会计数据的加工工作，及时、迅速、准确地获取有用的信息，为决策提供正确、客观的依据。财务会计数据分析的基本原则是趋势（动态）分析和比率（静态）分析相结合，数量（金额）分析与质量分析相结合，获利能力分析和财务状况分析相结合，分析过去与预测未来相结合。

（二）财务会计数据分析的基本方法

财务会计数据分析的方法灵活多样，针对企业实际情况和分析者会采用不同的分析方法，下面介绍几种常用的分析方法：

1.趋势分析法

趋势分析法是根据一个企业连续数期的财务报表，比较各期的有关项目金额，以揭示当期财务状况和经营成果增减变化及其趋势的一种方法。趋势分析可以作统计图表，以观察变化趋势。趋势分析的具体方法如下：

（1）比较各项目前后期的增减方向和幅度。先把前后期各项目的绝对金额进行比较，求出增或减的差额，再将所求差额除以前期绝对额，求出增或减的百分比，以说明其变化的程度。

（2）求出各项目在总体中所占的比重（百分比），如利润表中以销货净额为总体（100%），资产负债表中分别以资产总额和权益总额为总体（100%）。比较利润表的分析以及比较资产负债表的分析都使用趋势分析法。

2.比率分析法

比率分析法是在同一张财务报表的不同项目之间、不同类别之间，或在两张不同财务报表，如资产负债表和利润表的有关项目之间，用比率来反映它们的相互关系，以便从中发现企业经营管理中存在的问题，并据以评价企业财务状况的好坏。

分析财务报表所使用的比率以及对同一比率的解释和评价，根据分析资料的使用者的着眼点、目标和用途不同而不同。

3.构成分析法

构成分析法是以报表或账簿上某一关键项目作为基数，计算其构成因素所占项目的百分比。

4.比较分析法

比较分析法是通过对经济指标在数据上的比较，来揭示经济指标之间数量关系和差异的一种分析方法，主要有绝对数额分析法、定基分析法、环比分析法三种形式。

第二节 财务会计数据的综合利用

在现代企业中，财务会计工作是一项重要的管理工作，财务部门是管理信息的主要来源之一，会计信息系统提供的信息量占企业全部信息量的 70%左右，企业会计电算化系统的建立和会计核算软件的使用，使财务会计工作发生了质的变化，会计凭证填制与生成、账簿登记、报表生成以及内部控制都发生了深刻的变化，并产生了丰富的财务会计数据。这些数据如何加以综合利用，使之在企业管理、经营、分析、预测和决策中发挥更有效的作用，是企业管理者关心的问题，也是财务会计软件发展的趋势之一。计算机引入财务会计工作中，大大加深与拓宽了财务会计数据的利用深度和广度，减轻了财务会计人员的核算工作量，从而为财务会计数据的综合利用提供了技术手段。进行财务会计数据综合利用的途径有以下几个方面：

一、对财务会计软件本身提供的数据处理功能进行综合利用

商品化财务会计软件或者自行开发的财务会计软件一般都有以下几种功能：财务会计业务处理功能，包括财务会计数据输入、财务会计数据处理、财务会计数据输出；系统控制功能，包括数据完整性、可靠性控制，数据安全性控制和保留足够的审计线索；系统操作的简便性和容错性，包括系统的菜单或者对话框应该符合日常的会计核算流程，任何操作都应该有必要的提示，对误操作应该有警告和提示信息；系统的可移植性，即应满足硬件和操作系统的升级需要。例如，某财务管理软件由财务、购销存和决策三部分组成，各部分相对独立，其功能能满足用户的基本管理需要，并且能融会贯通，有机地结合为整体，满足用户全面经营管理的需要。

二、利用财务会计软件本身的开放接口进行二次开发

会计电算化信息系统内各子系统之间都有数据接口，用以传递子系统内部的信息。这种数据传递通常是根据事先设计好的数据模式，按照模式定义，自动采集、加工、处理数据，生成传递数据，输入系统间的数据接口或加载到另一个系统中去。然而，在实际业务中，用户对软件的使用不全是按照软件开发设计来进行的，不同的用户对数据具有不同的需求。许多财务会计软件提供将所有的账簿、报表数据转换成电子表格以及文本文件等格式的功能，以及直接从数据库在线管理系统获取数据的功能。这样，一方面有利于用户进行系统的二次开发，另一方面使得财务会计软件更易于与第三方软件结合，充分利用信息资源。例如，某财务管理软件可以借助系统自由表的链接与嵌入功能，使一个应用程序的文档中包含另一个应用程序创建的信息，如在自由表中插入电子表格和文档等支持链接与嵌入功能的程序。

三、利用财务会计数据分析模块实现数据的综合利用

财务会计数据分析以企业财务报表和其他资料为依据和起点，采用一定的方法，系统分析和评价企业的过去和现在的经营成果、财务状况及其变动，目的是了解过去、预测未来，为企业决策提供辅助信息。

财务比率是根据财政部公布的评价单位经济效益的六大类指标体系（共 24 个基本财务指标），并规定其各自相对应的计算公式而形成的。目前，大多数会计软件都设计了财务会计数据分析模块，对财务会计数据进行分析比较，分析功能主要有财务指标分析、标准指标分析、理想指标分析、报表多期分析，还有变动百分比、结构百分比、定基百分比、历史比率分年分析、财务状况综合评价以及营利能力、偿债能力、成长能力等指标分析，分析的结果以报表或图形的方式直观地展现给用户。有些软件还提供现金收支分析功能，向用户提供现金收支表、现金收支增减表、现金收支结构表等信息。

利用会计软件进行财务会计数据分析时，首先要进行一定的初始化操作，用来设定一些基本的分析项目和指标。然后，指定指标数据的分析日期以及比较日期等时间信息，就可得到相应的分析内容。

（一）财务比率的初始化

财务比率指标的数据来源于企业总账系统，初始化的作用在于选定本单位需要分析的具体财务指标，以使指标分析更简洁，清楚地反映分析者的意愿。

操作时，用鼠标双击系统主界面中的初始指标，显示分析指标项目，然后选定具体需要分析的指标，单击某一指标的比率名称完成操作。

（二）分析日期与比较日期的选择

在财务分析模块中，双击系统主界面中的"指标分析"，弹出"基本指标分析"对话框，进行分析日期与比较日期选择。分析日期可以按月、季、年进行选择；比较日期有"本年年初"与"任一期"两种选择，在系统中，可以同时选中，也可以只选其中之一。选定"任一期"作为比较日期，即把选定分析日期的指标与将要进行比较的某年度中的某一期进行比较。

四、利用辅助账管理实现数据综合利用

手工会计条件下，会计核算方法遵循会计准则和会计制度的要求，按照一个会计核算期内初始建账时所设置的会计科目体系结构进行数据逐级汇总核算。若想按管理所需要的核算模式进行特殊的会计数据处理，在手工会计条件下难以实现。会计电算化后，辅助账管理功能的引入有效地解决了上述问题。辅助账特别是"专项核算""台账"等功能，是按照分析核算和会计信息重组的思路进行设置，即在日常所设置的会计科目结构体系进行常规会计核算的基础上，由用户根据自己的管理需要进行"任意"组合，完成账务数据的交叉汇总、分析和统计，生成不同科目结构的会计核算数据，从而达到多角度分析财务会计数据的目的，如根据企业的商品、部门、人员、地区、项目等进行专项处理，获得有关的财务信息。将多种辅助账簿，如专项核算和台账结合在一起，组合为专项核算台账，则可对某核算项目的信息进行多方位、即时的数据查询，再利用报表功能将辅助账信息进行重组，以表格或图形的方式提供给用户，则更能实现对数据的综合利用。

第三节　财务会计软件中数据的获取

财务分析的对象是财务会计数据，如何从会计软件中获得所需的数据，以及如何从不同角度获取数据是进行财务会计数据分析的前提。手工会计条件下，财务会计数据存放在凭证、账簿和报表等纸介质之中，因此获取财务会计数据只能靠人工摘录、抄写和复制。会计电算化后，传统的会计的数据处理方式、存储方式、输出方式发生了根本性变化，它可以根据企业管理、分析、预测、决策的各种需要，做到及时、准确地提供丰富的数据源和复杂的计算结果。

一、财务会计数据源分析

根据财务会计数据存放介质和范围的不同，财务会计数据源可以分为以下几种：

（一）手工财务会计数据源

各单位在开展电算化时，不可能一开始就建立完整的电算化核算系统，往往是从账务处理、会计报表子系统开始，逐渐向其他子系统扩展。因此，在电算化工作起始阶段，财务会计数据不能全部都从电算化系统内获得，有些数据仍需从手工账簿中获取。

（二）单机环境下的数据源

对于小型企业来讲，会计核算往往在单机中进行。大部分数据存放于本地计算机内且数据不能共享，获取数据时，须借助于数据存储介质。

（三）局域网环境下的数据源

越来越多的单位，建立起基于局域网环境下的计算机会计信息系统。在局域网环境中，会计核算工作是在若干个工作站和网络服务器构成的局域网络环境中进行，财务会计数据保存在本地的网络服务器中，单位内部可实现数据资源共享。

（四）广域网环境下的数据源

随着全球以国际互联网为中心的计算机网络时代的到来，一些大型企业、集团公司、跨国公司纷纷建立广域网环境。在广域网环境下，不仅能够即时提供集团公司内部的财务会计数据，而且还能提供丰富的外部信息，不少软件已推出了具有网络功能的远程查询系统，供使用者访问不同地区的多种数据源。

（五）辅助数据源

财务分析时除需要会计信息之外，还需要其他的辅助信息，如市场信息、金融信息、政策信息等，另外还需从其他管理系统中，如生产管理系统、物料管理系统、人事管理系统中获取的信息。

二、从会计信息源中获取信息的途径

（一）一次输入、多次使用

会计软件的设计者充分考虑了数据的共享和重复使用，因而所有的财务会计数据在一次录入后，均可多次重复使用，如采购单录入后，可直接生成凭证，并转入财务处理子系统；成本费用可以在成本核算中录入，进行成本计算后再通过凭证自动生成，引入财务处理子系统，从而为财务会计数据分析模块提供数据源。

（二）查询录入

查询录入是指管理者查询和阅读获取数据后，通过人工录入方式将相关数据存入会计管理系统的数据分析文件中。对于没有实现完整电算化的单位而言，这一方式是必不可少的。例如，某单位没有使用固定资产核算模块，若要分析与固定资产有关的数据，就必须从手工账中查阅到该信息后，将其录入计算机。

（三）机内取数

运用会计软件或其他计算机应用软件所提供的取数工具，直接从存储于机内的账务、报表等模块中读取或生成所需的财务分析数据，这是获得财务会计数据的主要途径。

（四）利用数据库本身提供的数据转出

各种大型数据库都提供了导出功能，可以将指定的数据以指定的文件格式转出，不同数据库的转出功能可以参看相应的数据库管理手册。有些软件中提供了"查询数据转出"功能，可以直接将查询到的数据导出，提供给财务会计数据分析模块使用。

（五）读取存于机外存储介质中的数据

机外存储介质可用来存放会计数据源和辅助数据源文件。会计软件可自动从这些介质上直接获取数据，并将数据存放在财务会计数据分析模型中。这种方式适用于单机之间数据的传递。例如，某集团公司欲从各销售网点中获取有关销售数据，各网点独立运行单机的销售软件，这时就要求各销售网点将装有销售数据的存储介质送到总公司，由计算机完成数据的读取工作。

（六）网络传送

在局域网络环境中，不同的财务会计数据（如账务数据、材料核算数据、固定资产核算数据、成本核算数据等）是由不同的子系统产生的，但最终都存放在服务器上，此时财务会计数据分析系统可自动从网络服务器上直接获取数据。

对于采用广域网络环境的单位来说，各分公司、子公司或基层单位的会计业务处理都在不同城市的计算机中完成，并存放在当地计算机或服务器中。总公司、母公司或上级单位所需的财务管理与决策数据来自下属单位，因此各分公司、子公司或下属单位应定期（1 天、5 天或 10 天）利用远程通信工具，通过互联网，向其上级单位报送财务会计数据。上级单位在收到所属单位传送的财务会计数据后，便可由财务会计数据分析系统自动从主网络服务器上或本地硬盘中直接获取数据。

第四节 大数据与财务会计核算

随着云时代的到来，大数据在众多行业受到了关注，大数据和云计算技术具有快速处理和分析数据等优势，在互联网时代为各行各业的发展提供了有力的技术支撑。会计核算主要是记录、核算、反映和分析资金在企业经济活动中的变动过程及其结果。会计核算是一门对数据分析和处理要求很高的工作，引入大数据财务运算技术，能够提高会计核算工作的数据处理效率和质量。一般情况下，大数据的财务运算技术主要以云计算为依托，通过复式记账的方法来对财务进行处理，现阶段企业的财务数据信息主要建立在云服务器的数据库上。

一、大数据的定义

大数据是随着互联网技术的发展而出现的新名词，它是指数据的规模巨大且利用现行的软件无法在一定的时间内完成数据抓取、处理、分析和转化的有用数据集合。大数据是一个较为广泛的概念，它的应用范围也较为广阔，如互联网大数据等，对于企业的发展具有推动的作用。当前大数据主要涵盖两种或两种以上的数据形式，企业在使用大数据进行数据分析的同时，能够从中寻找到自己想要的信息或内容，一些企业还能够通过大数据对用户的行为习惯和特点进行分析，并将分析的报告作为企业下一阶段产品设计、生产以及广告投放的基础。例如，通过大数据可以调查用户对某一产品的兴趣度，可以分析用户的年龄、性别以及喜好等，可作为市场调查的有力依据。大数据能够高效率、低成本地收集不同容量和频率的信息，因此具有成本优势。

二、大数据对会计核算的影响分析

大数据对企业的很多方面都产生了非常深刻的影响，在会计核算方面也不例外。因此，从这个角度来说，分析大数据对会计核算的影响具有十分重要的意义。

（一）影响了会计核算数据的真实性

在实际的会计核算过程中要求核算的数据必须是真实的，大数据本身包含的数据具有类型丰富、种类多样的特征，另外大数据的来源也是异常多的，其中所包含的数据必定存在不真实性，这就需要会计核算人员能够对大数据的真实性进行检验后再将其应用于实际的会计核算过程中。随着大数据在人们生活中的广泛应用，很多行业对大数据的应用更多看重的是它的实效性，即能够给这个行业的发展带来什么实际的效用和价值，在会计核算中也是如此，越来越重视其实效性。通过对数据实效性的关注，会计核算人员能够对收集到的数据信息进行相应的预测，同时通过分析信息对企业未来的发展方向作出相应的预测。但这样就对数据的真实性关注得少了，当前会计核算工作就是在这样的矛盾中进行的。另外，在传统模式中会计核算人员分析更多的是结构性数据，而不会过多关注非结构数据。但是在大数据环境下，会计核算人员开始越来越多地关注非结构化的数据，这对会计核算人员的工作模式是有非常大的影响的。在现在的工作模式下，会计核算人员需要融合两种类型的数据，这对于提升会计核算人员的信息处理水平是非常有帮助的。

（二）有利于企业的风险评估

大数据技术的应用能够使企业关注自身在市场竞争中的地位和形象，了解自身的发展概况，从而能够深入到企业的发展规划中对企业将面对的风险进行评估，使企业能够在信息全球化的形势下立足。风险评估是企业根据自身的发展经历和发展现状考察外部的市场环境和趋势，对未来的发展态势和前景进行评估，而这些数据主要是通过大数据来获取的。

（三）提高了财务信息的整理和传送效率

企业会计工作应准确和及时地完成，在企业的业务活动结束以后，会计人员需要对财务信息进行整合与传送，使这些信息能够很好地传送到指定的位置。企业在大数据的影响下能够及时地了解相关数据内容，并确保了数据的时效性，提高了财务信息的整理效率，让财务信息更加清晰有序。

（四）使企业会计信息对外更易理解

由于工作的原因，企业的会计信息有时需要对外进行披露，传统的会计信息，非专业的人士较难看懂。而经过大数据计算分析以后的会计核算信息，用户能够快速浏览并掌握其中的重点和精华，也可以快速地找到自己想要了解的信息和内容，这使得会计信息的内容更容易被人所理解。

（五）加深了市场化程度

会计核算工作在以往的发展中，由于其形式是静态的，所以很难满足日益变化的互联网市场竞争需要。大数据技术的应用使得会计核算工作以及效果呈现可以转移到手机终端或电脑终端，用户能够观测动态的内容，并能够随时对其中的内容进行查阅和浏览，这加深了会计核算工作的市场化程度。

（六）加速了企业的资金周转

大数据技术的应用依托于互联网技术，而互联网技术的第三方支付平台让资金的流动速度加快。当前企业的资金实际流动状况，可以通过大数据的报告体现出来，企业的财务报告可以将分析的数据结果展现在投资方面前。依托于互联网的多种技术，企业资金的运转更快了。

所以，大数据的发展和应用给会计核算工作带来的影响是有利有弊的。在实际的会计核算工作中，大数据的应用应在满足用户服务的基础上实现。企业通过大数据的应用能够为企业自身的发展服务，帮助企业在激烈的市场竞争中找到立足之地，顺应时代发展的潮流。会计核算对数据的精准度以及真实性要求高，大数据在这一方面的数据分析具有一定的模糊性，使其不能完全取代传统的会计核算模式，但是其自身的优势可以为会计核算工作所用，如财务数据信息的整理与传送等，能够帮助会计工作者提升工作的效率。会计人员能够与时俱进，不断提升自身的能力素质和水平，学会利用计算机技术来开展会计核算工作，为企业创造更多的经济价值。

第七章　信息化背景下财务会计管理的实践应用

第一节　企业资源计划在财务会计管理中的应用

随着科学技术的发展，我国企业面临的市场竞争越来越激烈，想要在严峻的市场环境下获得更好的发展，企业管理者必须开始加强对内部管理的重视，通过提升内部管理水平来保证企业的市场竞争优势。企业资源计划是目前非常重要的企业内部管理信息系统，对于强化企业内部管理水平具有非常重要的意义，甚至会影响企业的整体经营效益，因此企业资源计划在企业中的应用范围不断地扩大。下面就针对企业资源计划在企业财务会计管理中的应用进行深入研究与分析，为企业提升财务会计管理水平提供参考。

企业资源计划能够从整体上掌握企业的经营状态，并且保存企业经营过程中产生的相关数据，这些数据能够在企业资源计划中被随时调取。因此，企业在编制财务预算的时候可以利用企业资源计划中的历史数据对企业未来一段时间内的财务情况进行预测，保证企业财务预算的准确性与科学性，提升企业财务预算水平。但是在企业资源计划中，无法明确地表示什么时候进行会计确认。企业资源计划中，财务行为都是在系统中完成的，因此没有真实的票据来进行会计的确认与处理，这就增加了企业会计确认的难度。因为财务会计人员无法确定会计确认的时间点，导致企业的会计确认情况非常混乱，影响了企业会计计量工作的顺利开展。

一、企业资源计划概述

（一）企业资源计划的含义

企业资源计划（Enterprise Resource Planning），简称 ERP，是在信息技术发展的前提下，企业利用信息技术对企业进行系统化管理，提高企业管理效率，保证企业决策层的管理、决策方案更加科学合理。

企业资源计划是一个非常全面的信息管理系统，它跳出了传统的系统管理模式，从供应链的角度去优化企业的资源，这对于提升企业的整体经济效益，提高企业的管理水平具有非常重要的意义。

（二）企业资源计划与企业财务信息结合的重要意义

1.提高财务会计管理水平

企业资源计划与企业财务信息结合，能够更好地保证企业财务会计管理水平的提升，为企业资源计划在企业中的应用奠定良好的基础。只有将企业资源计划与企业财务信息有机结合在一起，才能保证企业的企业资源计划是符合企业经营发展需要的，企业资源计划的作用才能充分地发挥出来，这对提升企业财务会计管理水平及经济效益具有积极意义。

2.转变财务会计人员工作重点

通过应用企业资源计划，企业内部的会计核算工作的性质发生了很大的改变，企业内部的财务会计人员从繁重的核算工作中解放出来，开始重视财务预算对企业管理者分析决策的作用。因此，财务会计人员的职能获得了很大的转变，财务会计人员只需要把相关的数据导入企业资源计划的系统中，就可以根据自己的需要精准获取各种财务会计数据，财务会计人员的主要工作就是针对数据进行分析，最终保证财务决策的准确性。

3.监管资金流动及企业运营情况

通过应用企业资源计划，企业的管理者可以及时掌握资金的流动情况，及时发现企业运营中的问题，提前做好充分的准备工作。应用企业资源计划时，财务会计管理人员如果发现企业面临资金困难，应该提前进行规划，保证资金管理的前瞻性。

通过对资金流动情况的监督与管理，企业的现金管理水平及资金使用效率也能够获得一定的提升，这对企业长期稳定的发展具有非常积极的意义。

（三）企业在应用企业资源计划时的风险

1.增加企业会计核算量

企业资源计划是一种企业全面管理工具，在这个系统中，储存着与企业相关的多种信息。企业财务会计人员在工作中，可以参考企业运营及发展过程中的各种信息，通过分析相关信息来对企业的经营情况进行全面了解。但是随着企业资源计划的应用，企业财务数据不断增加，财务会计人员的核算工作量不断增加，会计核算风险也增加了，对提高财务会计工作质量造成了不利影响。

2.导致财务报告信息失真

企业应用企业资源计划能够加强管理者与普通员工对企业经营情况的了解，增强企业财务信息的全面性，提高财务信息质量，对企业发展具有非常积极的意义。企业资源计划能够加强企业内各个部门之间的联系，促进各个部门员工之间的沟通，保证企业各部门在工作中能够更加和谐地团结在一起，一切以实现企业的发展战略为根本目标，为企业更好地发展奠定良好的基础。但是由于部分财务会计人员的信息分析水平差异较大，有时无法从企业资源计划的系统中提取准确的财务数据，使得企业会计报告信息失真，无法准确地反映企业的经营情况，影响了企业会计报告的信息质量，造成企业的损失。

二、企业如何应用企业资源计划提升财务会计水平

（一）提高财务会计人员应用大数据技术的能力

应用企业资源计划后，企业的财务会计管理工作量大增。首先，必须要提升财务会计人员的专业素养与工作效率，保证企业内部的财务会计人员能够很好地满足企业资源计划对企业财务会计的工作要求。其次，为了能够提高企业整体的运作效率，保证大量的数据信息能够得到准确、快速的核算，企业应该加强大数据技术的应用，通过大数据技术来提高企业财务会计人员的财务数据处理速度，保证财务会计人员能够在规定的时间内完成数据处理，在提高工作效率的同时还能提高工作的质量，为企业的发展奠定坚实的基础。最后，为了将大数据技术充分地应用到企业的财务会计工作中，企业还应该提升财务会计人员的综合素养，财务会计人员不仅要掌握专业知识，还要提高应用大数

据等信息技术的能力。通过提高财务会计人员应用大数据技术的能力，保证大数据技术能够提高企业的会计核算水平与核算效率。

（二）加强对财务会计信息质量的监督与管理

企业想要提高财务会计信息质量，保证财务报告的信息真实有效，应该加强对财务会计信息质量的重视，设置专门的监督管理机构，对财务会计信息进行监督管理。为了保证财务会计信息的监督管理效果，在应用企业资源计划时企业应该提高财务会计信息质量，不断地创新监督管理方法。在应用企业资源计划后，企业各部门之间应通过企业资源计划的系统及时进行沟通与交流。各部门的员工都能通过该系统对企业的运营情况进行了解，也就能够理解企业管理者作出相关决策的原因，这有效地保证了部门之间的沟通与合作，减少了部门之间的矛盾，对企业战略目标的实现起到了积极的推动作用。因此，在应用企业资源计划时，企业应该提倡全员监督，增强监督管理的效果。

可以看到，在激烈的市场竞争环境下，企业要想获得更好的发展，不断地提升内部管理水平，就要加强企业资源计划的应用。企业在运用企业资源计划的同时不断改善经营方式，不断提高财务会计人员的专业技能水平，并加强对财务会计信息的监督管理，可以为提升经营效益、保证持续发展奠定坚实的基础。

第二节　中小企业的财务会计管理

随着经济的发展与社会的进步，中小企业面临市场压力的同时也承担着企业之间的竞争压力。为提高企业的竞争力，完善财务会计管理十分重要。下面就中小企业财务会计管理工作中存在的问题进行探究，并针对其中的问题提出相应的解决措施。

一、中小企业财务会计管理中存在的问题

（一）中小企业的风险管理意识薄弱

中小企业的规模一般比较小，涉及的经营项目种类一般也比较少，资金量及管理能力相对于大型企业而言较为不足。按常理来说，中小企业的经营范围较为狭小，涉及的风险应该也较小，应该具备一定的风险控制及解决的能力。然而，中小企业通常对风险管理不重视，风险管理意识非常薄弱，认为自身的发展规模较小，不易受到市场风险的影响。企业管理者认为花费时间和资金成本进行风险管理是不必要的，他们把企业的重心放在追求利益上，没有实施长远的企业利益保障计划，使企业难以得到进步和提升。

（二）中小企业内部管理机制缺失

在企业内部控制制度的实施及发展过程中，内部审计占据着非常重要的地位。建设完善的内部审计制度及具备一个良好的内部审计环境可以提升企业的生产经营效率和财务会计管理水平。但是，目前许多中小企业仅仅是在文件层面上形成了内部审计机制，却没有发挥其应有的功效，缺乏内部审计的执行力度。企业内部的审计人员通常是非财务专业人士，缺乏必要的财务管理知识及审计工作能力，难以保证企业内部审计工作的高效进行。同时，企业没有对内部审计进行有效的监督管理，导致内部审计人员消极怠工的现象时有发生，限制了企业财务会计管理工作的进步，阻碍了企业的发展。

（三）中小企业内部管理人员的素质有待提高

许多中小企业在管理上都有高度集权的特点，因为有相当一部分中小企业是家族企业，管理人员间存在亲属关系，很难保证管理工作的正常进行，常常会出现管理不严及内部包庇的情况。财务会计管理工作本身要求工作人员必须具备较强的人力管理能力及财务管理能力，然而一些管理人员不具备这些专业能力，常常会有工作上的失误，造成企业的损失，影响企业的效益。因此，企业只有提高财务会计管理人员的综合素质，才可充分保证企业日常业务的正常进行。

二、解决中小企业财务会计管理问题的措施

（一）中小企业需要吸取先进的财务会计管理经验

中小企业的管理层应充分认识财务会计管理的重要性。现阶段中小企业面临着日新月异的市场环境，承受着巨大的经营风险。因此，中小企业必须具备完善的财务会计管理制度，助力企业逆流而上。中小企业需要向大型企业或优秀企业吸取先进的财务会计管理经验，并充分认识当前自身的实际经营状况，完善自身的财务会计管理制度，利用规范化及标准化的管理保证企业经济活动的顺利开展。例如，企业分析自身发展中存在的不足及缺陷后，可以利用科学的管理方法和先进的技术手段来弥补。企业财务会计管理的发展要在吸取经验的同时不断总结经验以获得提高。

（二）中小企业要建立健全完善的财务会计管理制度

完善的财务会计管理制度是财务会计工作正常运行的有效保证。中小企业需要重视财务会计管理的理念，并对降低成本和增加利润的途径进行系统分析及研究，总结归纳长期不增加利润的经济发展点，分析并解决其存在的问题，同时谋求新的经济增长点。

企业需要建立起严格的资金支出控制制度，根据实际的经营活动如实记录相关的财务情况。企业管理层应对财务工作加以检查及监督，以保证财务信息的准确性，杜绝以权谋私的行为。企业管理层可对资金的支出进行适当的授权处理，并进行定期总结，及时解决资金支出中存在的问题。

（三）中小企业要注重提高财务会计人员素质

中小企业提高财务会计人员素质应从以下几方面进行：

第一，企业管理层应详细了解每一位内部财务会计人员的情况，精简员工结构。

第二，企业管理层需要对财务人员进行定期的专业知识及技能的培训，并对员工的疑惑提供专业解答，尽可能提高员工的财务会计专业能力，使其充分了解并掌握企业的业务范围，可以独立解决工作中出现的问题。

第三，企业可以对财务人员工作能力、工作经验、工作态度及工作完成的情况进行定期的综合测评，促进其发挥自身的能动作用，激发其竞争意识，改变其工作态度，提高其工作效率。

第四，企业需要制订规范化、标准化的人才招聘流程，并设立严格的监管小组，杜绝走后门的现象。为企业招聘具备专业财务会计知识及管理能力的优秀人才，可以为企业的发展打下良好的基础。企业还需注重对新进入企业的财务人员进行企业文化培训，增加其对企业的认同感，并对其进行财务专业能力培训，使其掌握最新的理论发展方向和实务改革的发展趋势。

所以，中小企业财务会计管理工作存在许多本源问题。在中小企业的发展过程中，管理层必须充分认识财务会计管理在企业控制管理发展中的重要性，并积极找出企业自身存在的问题，吸收先进的财务会计管理经验，突破企业发展的局限，规范企业财务会计管理制度，以推动企业的进步与发展。

第三节 流通企业的财务会计管理

21 世纪，现代流通企业在发展中越来越注重财务的优化管理，应尽可能地做好财务会计核算和监督管理，同时逐步完善财务会计管理制度。企业组织财务活动，越来越重视财务会计管理的多样化，结合相关的财务经济管理手段，对财务进行科学预测，实现对企业的多样化控制。对企业利润实施科学分配管理，彰显了商品交换的核心经济组织模式，对企业财务会计实施优化管理，实现企业经济效益的最大化。本节基于新市场经济环境，对流通企业的财务会计管理展开了深入分析。

一、流通企业财务会计管理现状

（一）存货管理难度较大

我国流通企业的财务会计管理中，虽然有着日益成熟的理论方法，但是关于存货的管理仍然存在各种各样的问题。当前的流通企业和工业企业不同，生产环节相对来说比较简单，而商品多为库存状态。流通企业的发展不仅仅受到库存地点的相关限制，同时还受到库存资金的限制，其存货管理存在着一定的问题，即存货积压和断货的矛盾。在存货数量的优化管理过程中，企业主要是采取流通结合负债经营的模式，筹资过程面临着较高的成本。一旦负债过重，企业需要面临较高的利息，同时经营成本显著增加，企业竞争能力减弱。目前国际市场的整体销售情况不乐观，尤其是现代流通企业在发展中存货积压相对较多，存货流动性较差，大量资金被占用，同时企业还要支付存货保管的费用，以致存货跌价时企业损失较大，企业成本逐渐上升，整体利润逐渐降低。

（二）财务会计管理人员综合素养普遍较低

要想做好财务会计管理工作，就要尽可能提升财务会计管理人员的整体学历和专业水平，并丰富财务会计管理人员的专业知识。而流通企业的财务会计管理人员整体综合素养相对较低，专业结构也较为单一。同时，虽然企业负责会计核算的专业人员相对较多，普通的财务管理人员也较多，但他们的财务分析能力较弱，企业资金缺乏整体的运营管理，企业的经营管理目标难以实现。在财务会计管理中，企业要提高会计电算化使用效率，强化财务会计人员的相关培训工作，同时也要做好财务会计人员的职能管理，实现内部的有效审计和财务监督管理，做好会计信息系统的有效分析，并提高流通企业财务人员的服务能力。当前流通企业的财务会计管理中，不仅存在着存货管理难的问题，同时应收账款相对较多，存在不健全的内控机制，更有着综合素养普遍较低的财务会计管理人员。

二、流通企业财务会计管理的制约因素

（一）企业经营规模小

长期以来，流通企业有着较为缓慢的发展速度，而部分商品流通企业存在经营商品的结构不合理，对一些高利润、高附加值的商品难以进行有效经营等问题。同时，其进货数量和价格也存在一定的局限性，和大规模企业的进货量无法相提并论；而在供应商的配送中，中小型商品流通企业也难以和大型企业抗衡。

流通企业在设备、厂房等方面投资较大，但是员工的薪资待遇比较低，薪酬管理体系比较落后，造成企业的发展制度不健全，缺乏有效的监管、分配制度。企业的资金开源存在极大局限性，缺少相应的资金，企业在资金流转方面存在很大困难。受到传统财

务会计管理观念的影响，许多流通企业在资金管理方面比较落后，虽然在银行账户中滞留大量资金，但资金使用效率比较低。流通企业的财务管理意识比较薄弱，造成资金周转不畅，不利于企业的可持续发展。

（二）财务会计管理水平较薄弱

部分流通企业的组织结构不完善，有着较为落后的经营管理模式，同时也有着较为松散的企业组织结构，财务会计管理水平相对较低，企业财务会计管理制度不完善。流通企业的现金管理以及会计核算管理缺乏较为严格的财务管理制度，同时会计的整体核算制度相对不完善，资金的筹集和运用、分配能力较低。流通企业因为其发展规模的局限性，在投资选择方面比较受限，实施多元化投资，会增加企业经营风险，不能直接实施资金的回收工作。如今，流通企业想发展，要不断积累相应的原始资金，要不断完善自我，更好地利用内源融资。但是，目前流通企业财务资金管理、处理方式不够规范，难以对资金实施有效的抵押处理，难以实现专业的融资过程。流通企业想要实施扩张、发展，但资金严重不足。

三、新市场经济环境下流通企业财务会计管理对策

（一）加强财务会计管理人员的培训，提高综合素质

新市场经济环境下，流通企业财务会计管理中，要强化管理人员的相关培训，提高管理人员的综合素质。企业管理层要不断深化自身的财务会计管理意识，不断更新自身的知识体系。企业要健全相关的培训体系，对管理人员的业务能力进行科学考核，实现其职业道德与专业能力的不断优化。与此同时，企业要落实财务会计人员的教育培训工作，不断丰富其专业知识储备，改善企业财务管理现状；在财务工作的创新管理中，要不断优化财务岗位交流制度，优化财务岗位结构，不断强化财务会计人员的集体意识。

（二）做好企业应收账款管理，优化财务预警体系

随着经济多元化的发展，企业要做好应收账款管理，不断优化财务预警体系，对客户的信用情况实施科学分析。具体来说，可以结合客户应收账款的实际记录，分析客户的信用情况。如果客户的信用比较差，要取消客户的赊销资格。企业财务部门要建立科

学的定延期支付制度，做好应收账款的催收管理工作。同时，要不断完善财务指标体系，根据相关的财务预警体系，对企业的发展现状实施分析，指出企业发展中遇到的问题，对企业的突发性危机实施科学分析，降低财务危机的损害。健全坏账准备金制度，要对应收账款实施科学控制，及时处理长期不能收回的应收账款，减少坏账带来的经济损失，实现企业的可持续发展。

第四节　互联网时代下的财务会计管理

随着信息技术的快速发展，互联网技术已经逐步进入经济发展的每一个角落，对每一个行业的发展都产生了深刻的影响。如今，许多行业都逐渐在向这一新时代的产物靠拢，将互联网技术带到行业的发展过程中，可以促进行业的快速发展。当然，企业的财务部门也需要紧跟行业发展的步伐，尽可能地运用互联网技术来处理企业的财务数据。

一、互联网时代下的财务会计特点

在互联网时代下，财务会计呈现出虚拟化、网络化和电算化等特点。财务会计的虚拟化特点，是指企业在进行财务管理工作时，改变了传统的财务信息整理手段，开始利用网络平台，大大提高了财务会计的工作效率。财务会计网络化的特点，指能够实现财务信息的实时传递，可以实现信息的高效传输。开放的网络模式可以使会计管理人员不再受到时间和地点的限制，使其无论何时何地都可以查询企业的财务会计资料和信息，从而更加高效地完成各类财务管理工作。财务会计的电算化特点，也是互联网时代下的财务会计工作的核心特点，财务会计可以利用计算机技术对财务数据进行分析和整理，实现信息的快速处理，即使是非常复杂的财务信息，也可以借助计算机迅速处理完成，不仅节约人工，还大大提高了工作效率。

二、互联网时代下改进财务会计管理的措施

（一）完善财务会计工作制度

针对互联网时代出现的一系列新变化，企业应当完善财务会计工作制度，并根据新时代的要求，在财务会计工作制度方面进行全面更新，使财务会计工作不断适应企业内外部环境的变化，解决财务会计工作的实际问题。更新和完善财务会计工作制度要注意以下几点：

第一，财务会计必须顺应时代背景，着力按照新时代的要求更新传统财务会计工作制度。

第二，提高财务会计工作的规范性与简便性，注重运用信息化的方式加强财务会计管理。互联网技术可以简化各种操作，使财务会计管理在规范化基础上全面创新发展。

（二）增强对财务信息的保护

在互联网时代下，财务会计人员运用互联网进行工作时也面临着非常严重的信息泄露、信息毁损等问题。财务信息的泄露很有可能给企业带来极大的风险，所以企业应该加强对财务信息的保护力度。企业应该根据自身的经营状况安排专业的工作人员来完善企业的网络安全系统以及信息安全监督系统，防止企业的财务信息外泄。

（三）及时应用更新的企业会计理论

企业的财务会计工作随着经济的快速发展逐渐走向信息化、网络化，互联网技术在为企业的财务会计工作带来便利的同时也为企业的财务状况带来了许多的问题。传统的会计理论已经不适合互联网时代下的财务会计工作，所以企业为了能够尽快适应新时代的发展要求，促进自身快速发展，必须及时对企业现有的会计理论进行更新。新的会计理论必须要与我国目前的经济发展状况相结合，适应互联网环境下的财务会计工作。企业应用更新的会计理论，有利于促进企业财务会计人员提高信息采集及整理的能力，也利于促进企业财务信息的公示。企业在开展财务会计工作的同时，还需要注意一个问题，即国家相关部门对企业的监督保护工作。企业应该及时掌握政府部门颁布的财务会计相关法律、法规，保证企业的财务会计工作能够正常依法进行。

（四）增强信息安全

在互联网时代，企业最需要重视的就是信息安全，信息一旦泄露，极可能会给企业带来巨大的经济损失，因此必须加强信息的安全保密工作，具体可以从以下几方面入手：

第一，是会计信息的安全控制，企业可以建立相应的管理制度及授权机制，如利用密钥加密技术对数据进行加密，以保证数据的安全。

第二，可以采用软件和硬件结合的形式保证信息的安全，如在购买办公室设备时应当选择功能完善和质量优等的软、硬件设备，保证其可靠性和安全性，还可综合考虑环境条件因素，延长软、硬件使用时间。

（五）加强对财务会计人员专业素质的培养

在互联网环境下，无论是操作各种软件客户端，还是尽快适应企业全新的管理方式，都是财务会计人员所要面临的挑战。为了使企业财务会计人员能够尽快地满足这些新要求，企业要注重提高财务会计人员职业道德，加强对财务会计人员专业素质的培养。企业应根据自身具体的经营状况，为企业的财务会计人员设计一套完善的财务会计人员培养体系。比如企业可以专门为财务会计人员开设网络课程，使每一位财务会计人员都能够了解并熟练掌握各种软件或者程序的操作步骤，并能够对整理出来的财务信息进行正确的分析。不仅如此，企业的财务会计人员也应该有足够的自觉性，在空闲时间积极主动地学习相关课程，并熟练掌握每一个操作步骤，不断地提高自己的专业素质。

三、互联网时代下财务会计的发展

随着互联网越发成熟，互联网成了财务会计高速发展的载体。互联网技术的发展，使财务会计的核算结果更加精确，并且核算的速度也得到了很大的提升。以往传统会计是人工核算，在核算过程中非常容易出现问题，导致核算结果不准确。利用互联网技术，会计人员能够在很短的时间内完成会计核算的工作，大大提高了工作效率。互联网的出现，使财务会计工作变得更加透明化和信息化，同时互联网也是财务透明化与财务信息化的重要保障。互联网使财务工作电算化，更加方便财务会计人员的工作，也使在财务工作过程中产生的数据更加安全可靠。简而言之，互联网对财务会计的发展具有积极影响。

互联网技术的发展对企业财务会计管理工作产生了巨大的影响，并且使财务会计管理的工作形式也发生了很大的变化。由于互联网技术的应用可以大大提高财务会计管理工作的效率，因此相关企业应该顺应时代潮流，与时俱进，不断加强对于财务管理安全技术的研究，建立完善的安全控制制度，从而保证会计信息的安全性和保密性，以实现企业财务会计管理的信息化。

第五节　知识经济时代下的财务会计管理

知识经济时代已经来临，现代企业的财务会计管理只有做好信息的收集、整理、录入、分析，方能够在知识经济时代拥有一席之地。

一、知识经济概述

知识经济是指一种与传统的以农业为基础的经济和以工业为基础的经济相对应的以知识为基础的经济形态。农业经济时代，政府大力发展农业生产，加大对农业的投入从而达到获取更多经济效益的目的。而工业经济时代，政府将经济重心都放到工业发展上来，通过大力推进工业发展继而获得经济的快速增长。如今，社会经济发展的重要生产力已经变成了知识，紧跟知识经济发展步伐的企业都已经在各行各业显露头角，知识产业发展迅速，为人们的生活带来了许多收益，社会已经处于知识经济时代。

二、知识经济时代下财务会计管理受到的冲击

（一）会计历史成本原则受到的冲击

传统的财务会计管理通常采用历史成本原则确定企业内部财物的实际入账金额及计价的准则，企业高层通常使用历史成本原则在有形市场运转和市价浮动时对资金流动

的相关信息进行捕获分析。然而，随着我国经济的发展，人均受教育水平大幅度提升，知识转化为生产力已经有了数不清的成功案例，有形市场受到冲击，整个人力管理和知识产业评估都开始了改革。因此，企业在知识经济时代下不得不将知识等无形资产纳入评估，而传统的历史成本原则并不能对此进行评估，所以使得历史成本原则在财务会计管理中的实用性大大降低。

（二）会计环境受到的冲击

科技、教育、政治、文化、经济等环境因素都在会计环境的范畴之内，会计环境会影响到企业的管理模式以及相关信息需求，所以知识经济时代的到来必定会对会计环境造成极大的冲击。由此可以得出，此后企业的财务会计管理的工作重心会大幅向管理各类知识方面的信息进行倾斜。对于一个企业来说，其财务会计管理环境受到冲击，将会体现在各部门之间的资源配置变动以及组织形式的改变上，生产出更多知识类无形资产的部门将能得到更多的资源。

（三）现行会计核算方法受到的冲击

1.原始凭证受到的冲击

经济时代的全面到来使得人们的日常金融交易方式发生了巨大的变化，第三方支付平台等网络金融的兴起推动着电子货币的普及，使电子发票和电子表格逐步取代了纸质发票、账簿，原始凭证的填写方式和发送形式都受到了冲击。与此同时，随着互联网技术的普及，整个企业的日常采购、运作，包括资金流动等都不再依赖于纸质原始凭证，电子原始凭证逐渐普及。

2.复式记账受到的冲击

所有业务均以同样金额对一个以上的互联账户进行登记的记账方式即为复式记账，复式记账在知识经济的冲击下面临着数据量更大和数据内容更复杂的双重考验。企业在知识经济时代下如何调整复式记账的工作方式将关系到财务会计的工作效率和准确率是否能随着企业规模的扩张而得到保持。对此，企业可以对复式记账进行一定的革新：复式记账中的记账凭证不再只局限于常规的二元分类信息数据项，而是可以试着直接将分类信息数据项纳入记账凭证进行管理，如此可以令一项经济业务拥有一张以上的凭证，更加适用于知识经济时代下企业内部的财务会计管理。

三、知识经济时代下财务会计管理的发展方向

（一）财务会计管理手段向信息化、现代化方向发展

知识经济时代下，计算机的普及与发展，全球通信的实现，互联网的飞快运转，都将对传统的会计方法产生巨大冲击，财务会计管理手段将在会计电算化全面普及、运用的基础上实现信息化。全面使用现代信息技术，包括计算机、网络与通信技术，将使会计信息处理高度自动化，财务会计管理手段实现现代化。

（二）财务会计中介机构向多元化、专业化、诚信化方向发展

财务会计中介机构是企业财务信息质量保证的最后一道防线，是保证信息有效性和各类投资者合法利益的主要力量。知识经济时代下，市场竞争机制不断成熟，我国的财务会计中介机构要向多元化、专业化和诚信化的方向发展，以便在市场竞争中不断稳固自身地位。

1.多元化发展

会计师事务所是我国最为主要的财务会计中介机构，其通常为会计单位提供包括审计、资产评估、管理咨询、造价咨询、税务等诸多内容在内的服务。但在我国的会计师事务所中，审计业务在所有业务中占比超过八成，并主要以年度会计报表审计和上市公司审计为主要内容，我国会计师事务所的多元化发展明显不足。因此，我国的财务会计中介机构要发展多元化的业务服务。

一些会计师事务如果没有足够的能力与精力发展多元化的业务服务，可以集中优势资源开拓某一项或几项业务领域，如此长期发展，事务所之间就会呈现出差异化发展的趋势，这样既可以避免过度竞争，同时又能提升各自的核心竞争力。大型会计师事务所应该要做到"大而精，精而专"，建设自己的品牌。在各大型事务所之间还可以建立社会分工与协作的关系，进行资源共享，达到经济效益最大化。大型事务所可以拓展国外市场，提升知名度，与国际真正接轨，而中小型事务所可以把国内的业务做精，不再依靠竞相压价来获得市场，这样的氛围有利于带动整个会计师事务所行业的持续、健康、多元化发展。

2.专业化发展

我国的财务会计中介机构起步晚，经营管理机制也相对落后，面对这样的现状，我

国财务会计中介机构必须转变经营机制以不断适应变化了的社会实际。以会计师事务所为主的财务会计中介机构必须遵循市场经济规律，以客户需求为核心，在符合法律规定和行业准则的情况下积极开拓市场，不断提高业务能力。在管理中要不断借鉴国内外同行的成功经验，根据自身情况进行参考选用，不断完善我国财务会计中介机构的经营机制。此外，当前企业的竞争说到底是人才的竞争，因此财务会计中介机构要获得长远持续的发展，必须重视人才的作用，对其工作人员要加大培训力度，提高其专业技能和职业道德等综合素质，同时也可以从企业外部聘请专业能力过硬和道德素质较高的人才进入机构，提高企业人才优势，以在激烈的市场竞争中保持不败地位。

3.诚信化发展

受到利益的驱使，财务会计中介机构作为理性的"经济人"，在业务活动中为了利益而违规甚至违法行事的情况时有发生。一些国际知名财务会计中介机构出现的会计丑闻，曾引起社会轰动，机构因此遭受关门的命运。可见，在会计行业，中介机构的诚信问题是何等的重要，但目前财务会计服务中介的诚信建设与社会的需求还相差较远。

在经济时代我国财务会计中介机构不断发展的态势下，必须不断强化其诚信建设，牢固树立行业诚信意识，营造诚信的行业环境，提高会计信息质量，严禁会计信息造假行为，将我国会计信息市场的发展朝着公平公正的方向推进。注册会计师保持独立性是会计工作公正公平的前提。但是在市场经济功利性等不良因素的影响下，以及市场不正当竞争的推动下，会计师的独立地位受到极大挑战，会计师常常需要在生存压力和法律责任之间进行衡量。因此，必须不断完善我国财务会计中介机构的诚信机制建设，完善诚信制度，以制度来约束会计师和财务会计中介机构的行为，提高会计师的自律。不断完善我国会计师工作制度，如上市公司的注册会计师必须由公司的监管部门委派，并定期更换财务会计中介机构，杜绝会计师和财务会计中介机构与上市公司产生过于亲密的关系；对违法会计行为造成的损失，要求财务会计中介机构和会计师个人承担相应的责任，提高其违法成本。诚信是会计行业的生存法则，会计师只有能够独立地开展工作，其工作结果才可能受到会计信息使用者和公众认可。财务会计诚信危机的直接根源在于职业道德问题。财务会计行业提倡的诚信、操守、准则等应成为会计工作的最高法则。

（三）财务会计人才向高素质、高技能方向发展

财务会计系统的运行过程必须与经济主体运行的全过程相适应，只有如此，才能提供准确的财务会计信息。因此，知识经济时代的财务会计人员将是具有多元知识结构和

创新思维的复合型财务会计人才。随着我国经济的发展和政府对教育的大力投入，我国人均受教育水平不断提高，为我国进入知识经济时代打下了良好的基础。知识经济时代的全面到来对财务会计管理形成了非常大的冲击，但不光是会计管理行业，各行各业都应该紧跟知识经济时代的步伐，加紧革新自身理论体系以及工作方法准则，重视知识的经济价值，实现成功转型，继而在知识经济时代下立于不败之地。

参 考 文 献

[1]万希宁.财务与会计信息化实用教程[M].武汉：华中科技大学出版社.2003.

[2]万希宁，郭炜.会计信息化[M].武汉：华中科技大学出版社.2009.

[3]王耀忠.会计信息化[M].成都：电子科技大学出版社.2004.

[4]韩吉茂.王琦.渠万焱.现代财务分析与会计信息化研究[M].长春：吉林人民出版社.2019.

[5]毛华扬.傅樵.会计电算化原理与实务：基于用友T3[M].北京：中国人民大学出版社.2012.

[6]毛华扬.李帅.会计电算化原理与实务：基于金蝶KIS[M].北京：中国人民大学出版社.2015.

[7]毛华扬.陈旭.会计电算化原理与应用[M].北京：清华大学出版社.2013.

[8]张慧德.会计电算化[M].上海：上海财经大学出版社.2013.

[9]陈杰，张凯.会计电算化教程[M].广州：华南理工大学出版社.2006.

[10]庄明来.会计电算化实用教程 第2版[M].北京：中国财政经济出版社.2004.

[11]乔家华.高级会计电算化[M].北京：中国财政经济出版社.2007.

[12]范凤香.会计电算化实用教程[M].北京：科学出版社.2009.

[13]吴志强.初级会计电算化教程[M].厦门：厦门大学出版社，2015.

[14]杨昆.会计信息化应用[M].北京：北京理工大学出版社，2018.